琦君的父親潘鑑宗先生。

琦君的母親葉夢蘭女士。

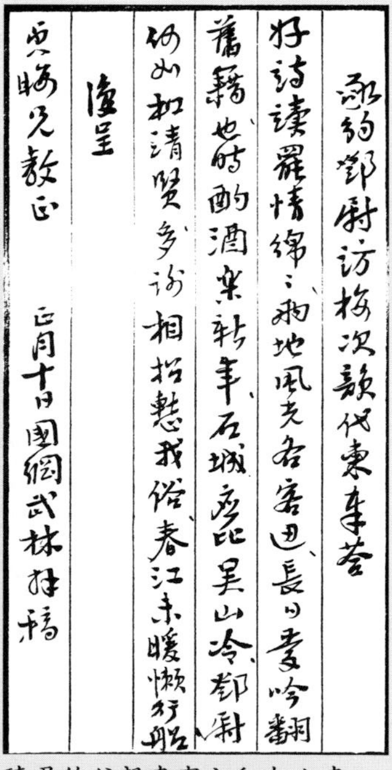

邀約鄧尉訪梅次韻代柬季荃
好詩讀罷情綿綿，兩地風光各客邊，長日吟翻
舊籍也時酌酒樂新年，石城應比吳山冷，鄧尉
何如和靖賢，多謝相招慰我俗，春江未暖懶行船
俊呈
典暉兄教正　正月十日園綱武林拜稿

琦君的父親書寫之和友人書。

琦君的啟蒙師葉巨雄先生。

大學時代的琦君。

中學時代的琦君。

琦君的恩師夏承燾先生（左）。

琦君任職溫州中學教席時與班上學生合影，前排左四為琦君。

琦君與夫婿李唐基的結婚照。

抗戰勝利後，琦君任職於杭州高等法院圖書館。

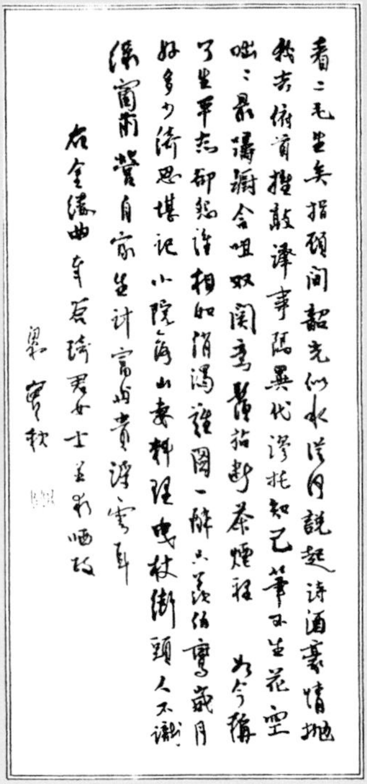

梁實秋先生次韻答琦君。

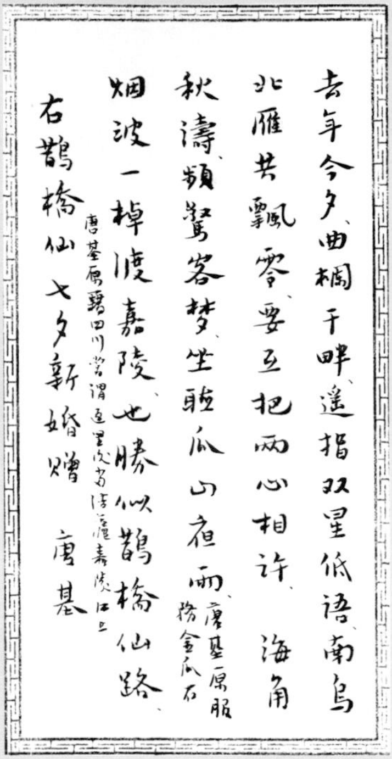

琦君新婚時的填詞與書法。

一九七〇年代琦君與梁實秋攝於陽明山國家公園。

山水秀麗的澤雅廟後，是琦君的故鄉。

琦君童年時期，父親常帶她到「詩之島」江心嶼遊覽，並教她背誦詩文。

琦君溫州故居主建築「養心寄廬」。

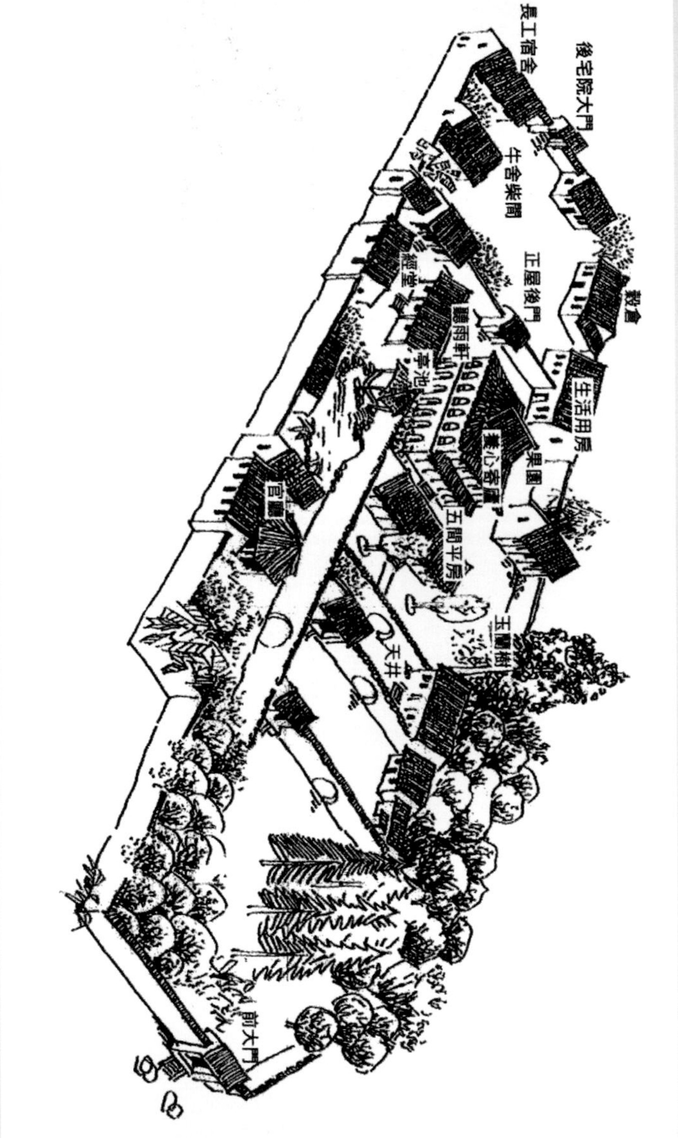

潘宅莊園示意圖（金陵先生據琦君表弟周惠津先生提供平面圖繪製）

瞿溪正月裡滾龍燈，是琦君童年最喜愛的節目。

琦君偕夫婿李唐基訪問曾經執教過的永嘉中學（今溫州第二中學）。

二〇〇一年秋天，琦君回到故鄉瞿溪，受到當地學生的熱烈歡迎。

琦君與三姨媽王珍芝及親人相聚於瞿溪。

琦君寫作時的神情。

琦君在瞿溪故居的窗口，眺望當年母親採摘供佛的白玉蘭樹。

三民叢刊 291

琦君的文學世界

章方松 著

三民書局 印行

李序

李唐基

這幾年臺灣的坊間出版了各種文體的自傳，詳實記錄了書中主人成長的心路歷程及堅毅奮鬥的精神，最後達成事業的顛峰。這些珍貴的史料，可彌補二十世紀各個年代正史之不足，並可作年輕人的勵志文學讀物。

琦君與我一九八三年退休後，僑居美國。其間每次回臺灣與三民書局創辦人劉振強先生見面，他都鼓勵琦君寫自傳，為時代作見證。但轉眼已二十年，迄未寫下片紙隻字，實有負劉先生的期望。

我們雖然也從內憂外患中走過來，逃難、流亡、大遷徙，有如洪流中一株無根的小草，隨波逐浪。回顧逝去的歲月，實在乏善可陳，更不敢奢望為自我樹碑立傳。

琦君出生於溫州郊區莊園，十二歲隨父母居住名山勝水、富有文化氣息的杭州。抗戰期間，為逃離日軍戰火，曾數次短暫返鄉避難。後來求學與就業，均奔波於江浙兩省間。一九四九年則渡海來臺，隔年我們成家。

琦君因思鄉情切，公餘課後，多憑兒時記憶，以故鄉為場景，用樸素自然的文字，描繪魂牽夢縈的故鄉美景，純真歡樂的童年，呵護關愛的家人，諄諄善誘的師長，歷歷如在眼前。因此有人說琦君的憶往篇章，有如不按編年的自傳。現在如予以改寫，不但失去原有的真情，可能味同嚼蠟。

有幸多年前，溫州地方政府將琦君故居一幢西式樓房，核定為文物保護單位，並修繕為琦君文學館。二〇〇一年十月完成，函邀前去參加開館典禮。在十天探訪期間，有緣由章方松先生撥冗全程陪伴。言談間，得知章先生學養深厚，著作專精，對中國古典文學及甌越文化之研究，著力尤多。至於琦君的文集，也在他閱讀之列，且於報刊發表文評。乃請其深入探討琦君童年的環境以及今日創作之泉源，希以客觀的事實，補正琦君自傳初始的空白。

茲章先生所著之《琦君的文學世界》，即將由三民書局印行，他依例要我寫點感言。唐基自慚淺陋，愧不敢當，不得已將該評傳出版的經過敘述如上。因我是唯一的證人，也是琦君的代言人，我們謹向劉先生和章先生致以由衷的感謝。

二〇〇四年春天於美國新澤西州寓所

自序

章方松

琦君是中國當代著名的旅美作家，她的文學成就在海內外有重大的影響，特別在臺灣影響了好幾代讀者。她的文學藝術成就，在臺灣享有極高的榮譽與地位。可是，這麼一位有影響力的大作家，在國內外，居然還沒有一本著作以完整的體系來研究她的文學成就與文學歷史定位。

為了使國內外廣大讀者更了解琦君的文學創作智慧，與琦君文學作品所蘊含的文化內涵，以及豐富的人文情感世界，筆者以琦君文學成就的廣漠文化背景，地域文化、家庭文化、中國古典詩詞文化，以及琦君本人的人生命運歷程諸方面宏觀視野，從個案出發，以人類文化學、哲學、美學、民俗學、傳播學來探索琦君文學成就的內在規律，以及琦君在散文、小說、詩詞創作上的藝術特色與藝術成就，並以此發散到琦君文學創作所表現的豐富多彩的情感世界，挖掘裡面具有當代審美意義的鄉愁情感，自然物化審美、生態審美、人性審美、悲憫意識等方面的社會人文意識，並進行一番理念性的探研。

琦君出生於溫州，於十二歲離開溫州家鄉，隨父親到杭州讀書，一九四九年離開大陸，生活在臺灣，一九八三年隨丈夫李唐基先生旅居美國。琦君一生漂泊，溫州是她的故鄉，在她的文學作品裡蘊涵著豐富的甌越文化、民俗、風情、物產諸方面地域文化的特色，並以此作為物化審美，生態倫理，情感寄託，表述了深沉的鄉愁戀情的感情。

由此，筆者分別以溫州的甌越文化廣漠背景與琦君的家學文化淵源，來提示其對琦君文學創作所起到的潛在意義，並結合甌越文化與琦君的身世，揭示一些鮮為人知的琦君身世秘密。以琦君的文學理念來探索琦君散文以中國古典詞境來表達東方人性、人情、人倫、人道之美，表述裡面蘊意著豐富的甌越文化內涵；小說表述著一種強烈的社會文化功能，體現了她對現代社會的倫理道德、愛情責任、悲憫意識諸方面的人文關懷；詩詞沉澱著中國古典美學精神，蘊含著中國文化情感意味。並深入淺出地針對琦君的豐富多彩的情感世界，多層次、多方位的進行了詳細地分析。在寫作過程中，力求從這一文化思維特徵出發，挖掘琦君文學內涵的甌越文化特色與她的文學藝術所具備當代審美意義的學術價值。並通過與現代作家魯迅、周作人、朱自清、沈從文、張愛玲、冰心、楊絳的文學成就個案比較，闡述琦君文學藝術所具有東方人文精神與當代審美意義。同時，還從對琦君有影響的人物——恩師夏承燾先生與丈夫李唐基先生對她的影響與交往進行了表述。意在從宏觀上研究琦君文學的理念，從微觀上理解琦君豐富的情感世界，給廣大讀者提供一個閱讀琦君的文化背景，讓更多的人來共享琦君的美好心靈世界與豐富的情感，感悟琦君對人性、人情、人道、人倫的理念，以此來豐富與美化、詩化自己的心靈。

誠然，琦君的文學是一個博大的文化體系，處於社會文化的動態流程中。對琦君文學的研究，需要從她的文學作品，以及綜合的文化背景出發，進行全方位的審視，方能全面把握其文學作品所蘊意豐富的文化意味，以及文學創作的規律。限於本人的學識，與掌握的有關資料並不完整，只能做點膚淺的初探性工作，謬誤之處，敬請方家指正。

二〇〇三年六月二十八日於溫州松風樓

修定於二〇〇四年一月二十五日之夜

琦君的文學世界

目次

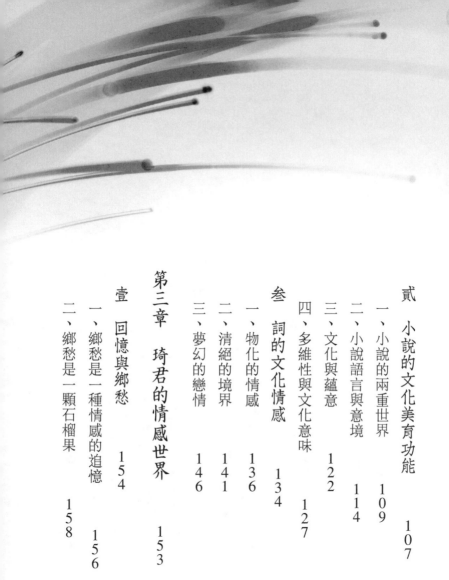

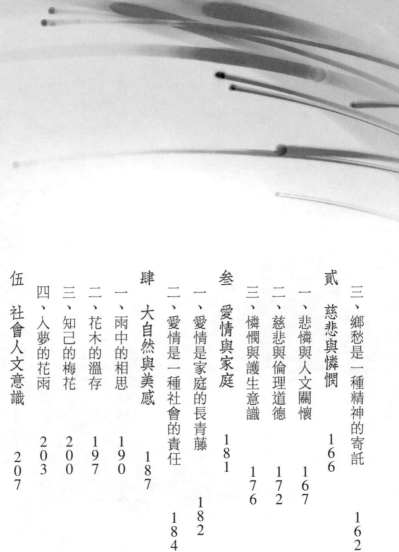

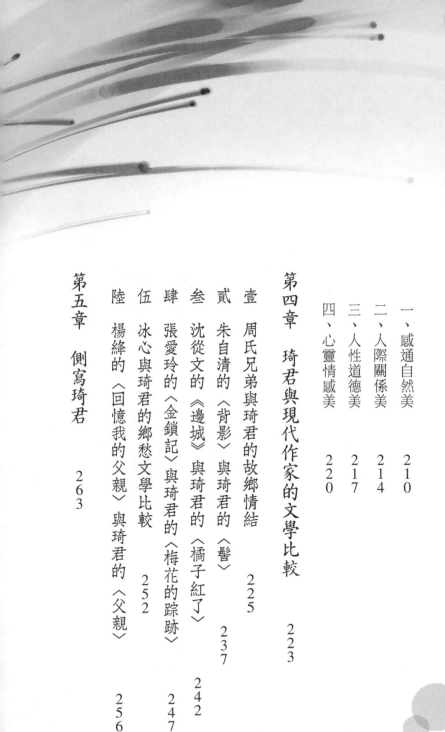

引言

琦君，本名潘希真（原名珍，後為脫俗，改以真行），小名春英，是著名的旅美作家，從事文學創作，在散文、小說、詩詞方面均有很高的藝術成就。特別以寫回憶故鄉童年故事享譽臺灣乃至國際文壇。她的不少作品被翻譯到美國、日本、韓國等國家，深受國內外廣大讀者所喜愛。她於一九一七年出生於浙江永嘉（今溫州瞿溪），並度過了十二年的童年生活。隨後跟父親到杭州求學，一九四一年畢業於杭州之江大學中文系，師從一代詞學宗師夏承燾。一九四一年之江大學畢業後，任教上海滙中女中。一九四三年應邀在永嘉中學（今溫州二中）執教，次年離開溫州。一九四五年任教之江大學兼浙江高院圖書管理員。一九四九年離開大陸，到了臺灣。先後分別在臺灣高院司法行政部與大學執教工作。一九八三年隨丈夫李唐基旅居美國紐約。

人類進入了二十一世紀，中國著名旅美作家琦君的文學作品卻從上世紀的六、七〇年代一直風靡到現在。她的文學作品一版再版，從一個高潮推向一個高潮，越來越受到海內外廣大讀者的喜愛。二十世紀八〇年代後期和九〇年代初期，琦君的散文在大陸出版後，引起了大陸讀者的轟動效應。特別是琦君同名小說改編的「橘子紅了」電視劇，在臺灣和大陸播放後，引起了廣大觀眾的強烈轟動和關注，在她的故鄉溫州達到了空前的收視率。在此同時，她的小說《橘子紅了》也成為暢銷書。可是對於這樣一位文學作品具有很高文化品位和文化底蘊的作家，至今還沒有一部專門研究的著作，實在是令人遺憾。為此，筆者本著對家鄉作家的崇敬和熟悉作家筆下故鄉生活的環境，並通過多年來通讀琦君的全部文學作品，從宏觀上審視整體，從微觀上深入考察細節，對琦君的文學理念，進行一番探索。

通過對琦君文學作品的閱讀，使我發現對於琦君這種少有的週期性文學作品轟動效應文化現象，很值得深入研究與探索。我們一旦深入探研琦君文學作品所表現人文精神的成就與走向廣大讀者的發展流程，就會發現琦君的文學作品具有三重性的特徵：甌越文化地域性、中國文化鄉愁性、人類文化情感性。

首先讓我們來看看琦君文學作品走向廣大讀者的發展流程，二十世紀六、七〇年代，琦君的散文和小說在臺灣產生強烈的迴響；八〇年代後期和九〇年代，琦君懷念故鄉的散文，在大陸產生轟動效應；九〇年代至新世紀在海外華人和世界文化交流中，產生強烈的文化情感認同。

縱觀琦君的文學創作，二十世紀六、七〇年代，以憶人憶事為主的散文創作和倡導社會美育功能的小說創作；八、九〇年代，以抒情記事為主的散文，兼寫小說。特別是《橘子紅了》，更是引起了海內外廣大讀者的強烈迴響。我們從琦君文學創作的流程和琦君文學作品逐漸擴大影響的範圍來認識、分析琦君文學本身蘊在的人文價值和文學作品的影響力，可以概括為上述的三重性。下面就此有關琦君文學藝術的三重性，作點論述。

一、甌越文化地域性

琦君懷鄉文學作品的取材，主要來自於她少年時代生活的故鄉浙江永嘉。琦君在家鄉生活了十二年，後來跟隨父親到杭州讀書，中間曾回溫州永嘉中學執教過一段時間。琦君在家鄉生活的時間，雖然僅僅只有少年時代，但影響琦君的作品取材都是在溫州生活的這一段時間。

溫州有著悠久的歷史和豐富的文化資源。在中國文化史上也曾有過幾度輝煌，是一個人文鼎盛的地方。溫州歷代文人輩出，東晉郭璞為《山海經・海內南經》的「甌居海中」注：「今臨海永寧縣，即東甌，在岐海中，音嘔。」晉代大書法家王羲之、劉宋山水詩人謝靈運曾任溫州郡守，宋代永嘉「四靈」創造了獨樹一幟、清風自然的詩歌流派，一時影響了整個詩壇的創作詩風。

溫州歷史上隸屬古甌越之地，具有非常豐富的民俗風情人文底蘊。在中國傳統文化儒家思想一統之下的甌越禮制文化，充滿著人文意味的祭祀、禮儀、民俗，與民眾起居習俗、審美思維諸方面價值觀念，從中創化出溫州人生活世界的精神架構。特別是體現節日文化所表現生命時間符號的春節、祭祖、端午、祭社、除夕等習俗，都蘊涵著溫州人深層次的生息文化心理。少年的琦君生活在一個十分講究祭祀禮儀生活的儒將大家庭，自然受其薰陶與影響。

溫州文化是展示甌越文化的一個重要部分。為中國傳統大文化所「化」的溫州地域文化，是表現中國傳統文化精神的協同宇宙，參贊化育，流貫於「天地合其德，與日月合其明，與四時合其序」的理念。在禮制上遵循「天地絪縕，萬物化醇；男女構精，萬物化生」的自然生命節律；在生息上深察「天人合一」之道；在智慧上充盈流蕩於宇宙與人心之間的人文精神。人的文化需求是一個多功能的社會綜合整體，作為構成社會秩序的祭祀、禮儀、民俗是傳統禮制經過歷史文化經驗建立的一個深度理性化的過程。它整合了人的生活和精神的空間。如同現代的植物學家為研究被危害植物的遺傳基因，必須探尋它的基因故鄉；讀琦君的文學作品，使人自然會想到尋找甌越文化基因的奧秘。

琦君的父親潘鑒宗是一位儒將，對佛學和中國古典文學有著濃厚的興趣，在他周圍又有馬一浮、夏承燾、劉景晨等一批文化名流。一個對甌越文化有所了解的人，讀琦君的文學作品就會感到一股非常濃厚的文化穿透力與親和力。琦君的文學作品之所以能夠填補老人和小孩子不同文化層次和不同年齡審美的心靈空間，就在於她的作品具有地域文化的親和力。她寫童年生活的祭灶神、看社戲、拜佛，以及吃灰湯粽、楊梅、八寶酒、桂花滷等等，都是溫州地域民俗風情和物產的文化現象。琦君筆下最具東方女性美德代表的母親，就是甌越文化所「化」出來的典型賢妻良母代表。琦君寫散文也好，寫小說也好，作品裡面的人與事，或者民俗風情都是深深地凝聚著甌越文化精神。甌越文化是中原文化的延伸，她既保存了中原文化的部分文化「化石」精神，又有古甌越文化自身的特徵。這種特色文化既有中原文化的共性，又有甌越文化的個性，所以會引起廣大讀者的閱讀興趣。有人說文學作品越是民族性的，就越有世界性。是的，琦君的文學作品正是以甌越文化的「民族性」，所達到「世界性」的大眾審美共向效應。同樣的道理，沈從文的《邊城》、張愛玲的〈金鎖記〉、魯迅的〈孔乙己〉都是從自身生活的地域文化出發，來表述一種人性的文藝之美。

二、中國文化鄉愁性

鄉愁文學不是一種地域的圈定，而是一種地域文化的圈定，是一種在全球文化情感的同構之中，所具有地域文化的情感特徵。在中國文學史上，都能讀到歷代詩人所表達令人感懷的鄉愁文化情感詩篇。縱觀中國歷代文學家，在不同的層次上，都會從不同的程度上表達鄉愁的文化理念。鄉愁彷彿是中國文學家的「遺傳基因」。琦君的鄉愁文化情感，有著中國農耕文明和儒家文化意識的深刻烙印，散發著中國詩情悵惘的淡淡哀傷。琦君的文學作品不僅僅表述了她本人一種深沉的鄉愁情感，而且也表達了她所處的那個時代和她那一輩人的文化鄉愁。

由於戰爭和政治諸多方面的因素，一九四九年，大批生於大陸長於大陸的人，從大陸漂泊到臺灣海島。他們遠離了家鄉和朝思暮想的親人，為此，失落了精神的寄託，成為無根的浮萍，在痛苦中徘徊、彷徨。

在這一段歷史時期，在臺灣引起了強烈反響的文學作品，正是以鄉愁為主題。其中包括梁實秋、林海音、余光中等等，鄉愁成為文學表現心緒的作品。甚至連國民黨元老愛國老人于右任也從內心裡發出強烈的呼喚：「葬我於高山之上兮，望我大陸。」命運不幸的琦君卻使她的散文有幸應運而生，使她的文學作品因此而產生強烈的文化鄉愁，整整影響了好幾代臺灣的讀者。

隨著中國大陸的改革開放不斷深入，進入經濟工業文明社會以及外來西方文化的衝突日益激烈，現代生活中一些傳統的文化民俗和文化精神也日益淡化和消失。在這種狀況下，大陸讀者正在尋找一種戀舊返故的文化精神。正逢此時，琦君所表述的中國民俗文化與中國文化性、人性、人道、人倫的文化內涵，受到了大陸廣大讀者的接納，填補了他們正需尋找的文化精神空間。這樣琦君的文學作品，特別是《橘子紅了》小說等作品，在大陸掀起了閱讀琦君作品的高潮。因此，琦君的文化鄉愁，是帶著中國文化鄉愁的強烈印記。

三、人類文化情感性

人類作為使用符號和具有豐富情感的動物，情感審美構成了人類的共性。也就是人類情感有著豐富的人文性，使文藝作品產生世界審美的「共性效應」。正是因為有著大眾審美共性，決定著人類文藝作品所表現的人性、人道、人倫、人情，會使不同文化境況下的讀者，自覺地排除其他因素的文化差異，使作品所表現的人性、人道、人倫、人情在他們的心靈上引起同鳴。因此，人類社會儘管構成政治制度與地域文化的差異，但是人性的共性有著可以理解的通融性和交流性。這樣才使文藝作品所表述人類的人性、人道、人倫、人情，往往超越地域的時空性，產生強大的文化生命力。縱觀所有獲得諾貝爾文學獎的作品，基本都是從人性視角出發，去表達人類因戰爭以及政治、自然所造成災難的痛苦。從此角度來理解，琦君本身的命運經過戰爭、災難、親人離別的種種痛苦遭遇，她的文學作品所表述的鄉愁、母愛、人性、人情等等，正是具有人類情感永恆主題的共性，她的文學作品也因此而引起國內外廣大讀者的關注和喜愛。

琦君文學所表現的人性美，跟中國儒家倫理有著內在的聯繫。海外著名的文論家夏志清稱琦君的散文和李後主、李清照的詞屬於同一傳統，但她的成就、她的境界都比二李高（〈夏志清談琦君〉，隱地編《琦君的世界》）。這就是琦君的文學作品所具有的人文價值，超越李後主和李清照的憂國憂情之外，在於她的文學作品具有情感的豐富性，人性的深厚性，人倫的蘊意性。特別是文化心靈上的鄉愁，更是具有世界人類社會的人性普遍意義。因此，她的鄉愁文化不僅僅是一種情感的表述，而是一種文化。一種中國數千年文化積澱下的儒家文化，裡面涵蓋著豐富的東方文化人性、人倫、人道、人情的意蘊。所以她的文學作品之所以取得這麼大的成就，就在於寄寓鄉愁、超越鄉愁，成為人類文化情感的一部分。

琦君飽經戰亂之苦、漂泊之難、親人離別之痛，她將負載著一代人的苦難和憂患，深深地隱含心靈之中，以純情、淳樸、善良的感情，傳達真、善、美的思想，表述積極向上的人文主義精神。今天我之所以提出琦君的文學作品有著三重意義的必要性，並非誇大琦君文學作品的影響力與蘊在力，而是從人類人文精神來審視琦君的文學世界是一個博大精深的人性、人倫、人道、人情的精神世界。在這本書裡，我對琦君文學創作理念的探索，往往超越了琦君文學作品本身所具有的文學美學意義，試圖從另一個角度來解構人類內在精神情感的豐富性和蘊意內涵的博大性，試圖像解構人類生命基因圖像一樣，構析索解人的精神情感的豐富性。顯然，這不可能以程序或序列排成圖像來解讀，而是通過對琦君文學的研究，認識人精神情感的豐富性，和琦君文學具有當代人文研究的科學價值意義。通過琦君文學個案所帶有普遍價值意義的思索，使廣大讀者更加深入了解和深察琦君文學作品所蘊在的人文精神價值。通過這些綜合比較研究，使人們認識到文學作品具有人文精神的感應功能。儘管人類進入了二十一世紀的電腦資訊時代，但是如何豐富、優化人類的情感性和人性的人文性、人倫的理智性，卻是一個永恆的主題！

第一章　琦君的故鄉與童年

君自故鄉來，應知故鄉事。來日綺窗前，寒梅著花未？（王維〈雜詩〉）

少小離家老大回，鄉音未改鬢毛衰。兒童相見不相識，笑問客從何處來。（賀知章〈回鄉偶書〉）

窗前故鄉的千秋梅花，至今還在開放著，雙鬢白髮的老人，仍然沒有改變故鄉千年的童音。歷史老人將人類生命的時空，一百年一百年地翻閱過去了，故鄉的鄉愁情感、故鄉的童年鄉音，一直流淌到今天。流到了當代著名文學家琦君的心靈裡，琦君說自己生活的故鄉與童年是她文學創作的生命之根，離開了這一條生命之根，她將一事無成，擱筆不再從事寫作。琦君文學創作的生命之根在她的故鄉溫州，溫州是她夢繞魂牽的精神聖地。我們要了解琦君的生平，或者要思索她的文學作品，就得首先知道溫州這一個具有非常神奇色彩的地方。

溫州地處中國的東南沿海地區，面臨浩瀚的東海，是一個有山川、平原的丘陵地帶。它位於浙江省東南部，東瀕東海，南與福建省寧德地區的福鼎、柘榮、壽寧三縣毗鄰，西及西北部與麗水地區的縉雲、青田、景寧三縣相連，北和東北與臺州地區的仙居、黃岩、溫嶺、玉環四縣市接壤。全境介於北緯二十七度三分～二十八度三十六分、東經一百一十九度三十七分～一百二十一度十八分之間。現在溫州的土地總面積一萬一千七百八十四平方公里，其中市區占一千零八十二平方公里。

溫州有一條滔滔的甌江，溫州人稱之為「母親河」。甌江全長三百八十八公里，發源於浙江省慶元縣的深山溪流，那源頭的清流是那麼的清澈，那麼的平穩，但是，進入到中下流之後，就匯成了雄偉壯觀、氣勢磅礴、波瀾壯闊的滾滾浪潮。

千條激流歸大海。每一條奔向大海的激流，都有自己的發源地。我們要了解、研究琦君的文學根源，就得從她那生命的源流開始進行巡禮。在琦君筆下對故鄉與童年的無限思戀情懷，就是取材於生活的「甌江源流」。如果說琦君文學作品所蘊意的文化情感，猶如波浪壯闊的甌江口，那麼她在坎坷的人生征程上，所企盼和希望，或者在文學作品中，尋找人文精神支柱的源泉，就是在不斷地回憶著故鄉與童年那份清澈與平靜的生命源頭。

作為琦君同鄉的溫州人，每當我捧讀著琦君的文章，心裡自然會想到，這一位作家對故鄉溫州和自己童年的無限思念情感，是那麼純樸、真誠。讓我們走進琦君的故鄉和她童年的生活中去，共同去理解、發現其中有關琦君許多人生、生命與文學相互關聯的奧秘之處。

壹　琦君的故鄉——溫州

故鄉是漂泊生命精神依託的大紅燈籠；故鄉是人生暮年回望童年除夕的溫暖春聯；故鄉是人生黑夜海洋暗礁中尋找方向的燈塔。故鄉對於每一個生活漂泊的文化人來說，是他們多麼重要的生活精神家園與文學創作思想源泉。離開了這一點，對於任何一位作家將是無從談起。這使我想起了不久前，在法國榮獲法蘭西學院四十四位院士的第一位亞裔中國人程抱一所著的小說《天一言》，和在全球引起轟動的捷克斯洛伐克作家昆德拉所寫的小說《生命中不能承受之輕》，這兩位名聞世界的當代文化人，都是在異國他鄉的法國，取得了驚動世人的文學成就。雖然他們的文學作品都是在離開故鄉之後，在異國他鄉結出豐碩的成果，但是他們的文學創作題材，卻都取材於刻骨銘心的故鄉與故鄉的文化，以及在故鄉生活的童年世界裡所深刻感受到的生活與人類命運走向。因此，作為最原始、最基本、最濃烈的生命精神底色的故鄉文化，深沉的銘刻在心靈深處的文化情感烙印，是永遠無法刪除的。因為她是一個人的生命精神中，最基本也最根本的精神生命支柱。離開了這根精神支柱，人生的精神大廈就會頃刻倒塌。

在故鄉的生活裡，一個人社會化成長的過程，是受到地域生活的自然環境與文化環境長期影響的過程。這種影響著生存與成長的文化，是一種特定的地域文化，是一種經過歷史文化變遷與發展過程的文化。審視一位作家的文學藝術所包含的文化意味，就必須從他（她）生長過程的廣漠文化背景出發，挖掘其作品所蘊意的文化內涵，才能發現其文化價值意義。考察琦君的文學作品裡面，發現她所表現的一個重要主題之一，就是在種種無奈和坎坷的人生漂泊中，透露出濃郁的故鄉文化情感。這種故鄉文化情感，既是她文學創作的重要題旨之一，又是她文化創作的精神原動力。同時，這不僅僅是她文學創作的生命之根，而是她整個生命精神所維繫之根。她曾經說過這樣的話：

> 像樹木花草似的，誰能沒有一個根呢？我常常想，我若能忘掉親人師友，忘掉童年，忘掉故鄉，我若能不再哭，不再笑，我寧願擱下筆，此生永不再寫，然而，這怎麼可能呢？（〈留予他年說夢痕〉）

誠然，作為琦君精神生命之根，正是琦君所說的是對故鄉的思戀、對親人師友的相思、對美好童年的追憶。沒有了這條生命之「根」，她寧願擱下筆，此生永不再寫。也就是這條生命之「根」，成為琦君文學創作的精神源泉。這條「根」裡面，蘊含著豐富的文化能量，使琦君的文學藝術精神通映著人類情感宇宙的光芒！

從地理文化來理解，一個人的主觀情感與地理景觀的豐富關係，構成了人文情感的特質，有著明顯的地域文化差異。因此，一個作家在生活土地上凝聚著長期感受的記憶，是一種生存地理的人文情懷。這種人文情懷產生的戀鄉情結，在本質上是自我情感戀愛的情結。故鄉是一幅永不消失的情感地圖。作家按圖索驥，尋找到自己情感的慰藉和滿足。夢中的故鄉，是琦君心靈中寄託著無限思戀的精神家園。她曾在散文〈鄉思〉裡寫道：

故鄉是離永嘉縣城三十里的小村莊，不是名勝，沒有古跡，只有合抱的青山，潺湲的溪水，與那一望無際的綠野平疇。我愛那一份平凡與寂靜，更懷戀在那兒度過的十四年兒時生活。

為此她發出深沉的感嘆：

來到臺灣，此心如無根的浮萍，沒有了著落，對家鄉的苦念，也就與日俱增了。昨夜夢魂又飛歸故里，躺在雙親的墓園中，擁吻著綠茵覆蓋的芬芳泥土，望著悠悠出岫的白雲，多年抑鬱的情懷得以暫感舒鬆，可是短夢醒來，淚水又濕透枕邊，淪落的家園啊！它依舊是海天一角，水闊山遙。

遙在臺灣的琦君對故鄉的思念是多麼的深切。她在《琴心》後記〈未有花時已是春〉一文中寫道：

> 我要昂首望著更遠更遠的前面。我們是從故鄉來的，還是要回到故鄉去，故鄉的親友們正在引領盼待著我們的歸去。

琦君對故鄉的思念還表現在對家鄉風俗與物產的思戀。她在〈燈下瑣談・家鄉味〉中寫著：

> 我的家鄉的鄰縣瑞安，產龜腳最多。我的姑母嫁在瑞安，所以每年龜腳上市時，她就一大簍一大簍地托人帶來，給父親下酒吟詩。我不許喝酒，更不會吟詩，而龜腳卻大部分是我受用了。……說家鄉味，卻說了一樣在臺灣沒法做的菜，想起來的又是相隔幾十年的舊事。那又何必說，何苦想呢？只為的在臺灣多呆一天，鄉愁就重似一天，遙望著「海的那一邊」，焉得不慨然起蒓鱸之思呢？

從中可見，使我深入思考的是，琦君這條具有雙重生命之「根」的文化資源來自於那裡？顯然，讀了琦君的文學作品，我們就會知道琦君那條具有雙重生命精神之「根」的資源，來自於她的童年生活故鄉的地域文化環境。這種童年故鄉的生活來自於特定的地域歷史文化澱積在人們思想觀念、價值觀念、審美情感、思維方式裡面，形成的文化土壤，營養著、滋潤著琦君茁壯成長。這種潛在的無形文化營養就來自於她生活的溫州地域文化。為了更好地理解與把握琦君文學作品所蘊意的豐富文化內涵，我們必須深入到琦君少年時代生活，溫州文化的歷史、地理、民俗，來探研琦君少年時代心靈的薰陶以及對她後來文學創作所具有的潛在效應。由此，本章結合琦君本身的文學作品，從人類文化學解構溫州文化的內涵與琦君文學的內在聯繫，作為深入研究和理悟琦君文學藝術成就的一把鎖鑰，打開琦君心靈世界的奧秘。

一、源遠流長的歷史文化

琦君童年的故鄉，是溫州市區的瞿溪。古時候，溫州隸屬甌越一帶。「甌越文化」是一個具有豐富文化體系的概念。甌越文化作為一種特定的地域文化，有它獨特的文化內涵和價值取向。甌越文化，「甌」之來歷，據《山海經・海內南經》云：「甌居海中。」晉人郭璞注曰：「今臨海永寧縣，即東甌，在岐海中，音嘔。」（晉時臨海郡永寧縣即今溫州一帶）從《山海經》「甌居海中」來看，古代甌人活動的區域應在東南沿海一帶。浙、閩、海南地區都有甌人活動。

在這裡根據現代學者將甌越文化定位在以永嘉郡（今溫州市區）為中心，包括蒼南、平陽、瑞安、文成、泰順、永嘉、洞頭以及青田、麗水、臺州等地區。據專家研究，溫州白石、北龍兩遺址所發現的物質文化，其中一小部分石器、陶器，與良渚文化的器物特徵相似。因此，可以說在四、五千年前的良渚文化時期，溫州的氏族社會已獲得初步的發展，但仍大大落後於中原地區。在中原進入文明時代後，溫州的史前文化才得以真正的發展。因此，考察溫州史前文化，必須從甌越文化來認識溫州文化的發展流程。這樣，有利於從宏觀上探索溫州文化在琦君文學作品中，所具有潛在的歷史文化價值及對琦君文學創作的潛在效應。

溫州古為甌地，秦統一全國後屬閩中郡。西漢惠帝三年（前一九二年）為東海王（俗稱東甌王騶搖）都地。漢順帝永和三年（一三八年）析章安縣東甌鄉置永寧縣，縣治設在甌江下游北岸今永嘉縣甌北鎮境內，是為溫境建縣之始。東晉明帝太寧元年（三二三年）析臨海郡南部永寧、安固、橫陽、松陽四縣置永嘉郡，郡治設在甌江下游南岸（今鹿城區），是溫州建郡之始。唐高祖武德五年（六二二年）置東嘉州，高宗上元二年（六七五年）置溫州，自此以後，歷一千三百餘年至今，州名無改，州境亦無大變。辛亥革命爆發，一九一一年十一月八日溫州成立「軍政分府」，隸浙江軍政府。

一九一四年六月置甌海道，轄溫州、處州二府，道尹公署駐永嘉縣，屬浙江省。一九三二年建立行政督察區。溫州區初稱浙江省第十縣政督察區，督察專員辦事處駐永嘉縣。後數度更名，稱第四特區、第三特區、永嘉行政督察區、第八行政督察區，一九四八年四月，改稱第五行政督察區。

一九八一年九月溫州地區和溫州市合併建立溫州市，實行市管縣體制。現轄鹿城、龍灣、甌海三區，瑞安、樂清二市（縣級）和永嘉、洞頭、平陽、蒼南、文成、泰順六縣。

溫州歷史悠久，文化源遠流長。據清光緒《永嘉縣志》載：東晉郭璞精通卜籤，「嘗甌客，為卜郡城」，建郡於甌，以二十八星宿構築永嘉古郡。永嘉建郡後，郡城便成為當時政治文化中心，東晉南朝時期，出任永嘉地方官員大都是南下的士族，他們把中原的先進文化和習俗帶到這裡，一時形成風尚。這樣甌越文化逐漸融入中原文化。東晉南朝時曾任永嘉太守或客寓永嘉的中原士族和詩人學士有：東晉大書法家王羲之，劉宋著名詩人、賦家孫綽，中國山水詩鼻祖謝靈運，詩人、駢文家、文論家顏延之，史學家裴松之，蕭梁文學家丘遲，道學家陶弘景等。由於他們身體力行，積極倡導，甌越文化開始轉型，趨向於與中原文化的融合。

明代任敬在《洪武溫州府圖志・序》中云：

> 嘗考自東晉置郡以來為之守者，如王羲之之治尚慈惠，謝靈運之招士講書，由是人知自愛向學，民風一變。沿及李唐，人才稍出，至於趙宋元豐淳熙之間，道學淵懿，文物之盛，庶幾乎鄒魯之風矣。迨及有元，餘韻尚存，推原其自，雖氣運使然，亦承流宣化者，代有其人也。

宋代理學永嘉學派獨樹一幟。南宋初期永嘉事功之學開始興起，其創始人為薛季宣。

薛季宣是溫州永嘉縣人，出身官宦世家。從湖湘學者袁溉受學，學問極為淵博，著作豐富。他從義與利必須一致的思想出發，要求「見之事功」。在永嘉學派形成發展過程中，起承前啟後作用的是薛季宣的大弟子陳傅良。他是南宋負有盛名的學者，溫州瑞安人。集永嘉學派功利學說之大成的葉適，祖籍處州龍泉，曾祖移居溫州。葉適繼承發展了薛季宣、陳傅良的事功學說，與朱熹理學、陸九淵心學相對峙，集永嘉學派之大成，為永嘉學派的代表人物。永嘉功利理論，為現代溫州經濟崛起與溫州人創造的「溫州經濟模式」聞名世界，起了極為重要的地域文化潛在效應。

隨著甌越地域歷史人文資源的積累，經過長期文化傳脈的滋潤，為溫州詩歌長河的發展起了推波助瀾的作用。南朝劉宋中國山水詩鼻祖謝靈運，在永嘉任郡守期間，寫下了許多讚美溫州山水的詩文，到了南宋時期，與溫州永嘉事功學派相齊名的「永嘉四靈」田園山水詩又崛起了一個新的高潮，成為中國詩壇歷史上一個重要的里程碑。

「永嘉四靈」的徐照，字靈暉；徐璣，號靈淵；翁卷，字靈舒；趙師秀，字靈秀。他們同為南宋時溫州人。因為他們旨趣相投，詩格相類，專以晚唐賈島、姚和為法，謂之唐體，字號中都帶有「靈」字，古溫州為永嘉郡，遂稱之為「永嘉四靈」。「永嘉四靈」

是繼當時江西詩派之後，在宋詩壇上獨樹一幟的詩歌流派。他們注重鍛字練句，詩風簡約清逸，「貴精不求多，得意不戀字」。

溫州是中國南戲的發源地。南戲即南曲戲文，它與北曲雜劇相對而言。南戲是中國歷史上最早出現的戲劇。它大約誕生於北宋末年，據明代祝允明《猥談》載：「南戲出於宣和之後，南渡之際。」當時稱之為「溫州雜劇」。徐渭《南詞敘錄》云：「南戲始於宋光宗朝，永嘉人所作《趙貞女》、《王魁》兩種實首之。……或云，宣和間已濫觴，其盛行則自南渡。」可知南戲產生於南北宋之交，溫州是它的故鄉。

宋代溫州是東南沿海繁榮的港口城市，為了適應市民的文化娛樂，南戲吸收了市民階層中流行的一些民歌小調。從當時勾欄瓦肆中的歌舞、諸宮調、雜劇裡獲取養料，結合各種藝術的長處，逐漸形成一種戲曲形式。南戲在溫州出現後，開闢了中國戲劇史的新紀元，標誌著中國戲曲藝術體系的建立和形成。如表演、音樂唱腔、歌、舞、介、白諸種因素的綜合，並建立了以生、旦為主的角色體制。這是溫州文化史上對中華戲劇文化的巨大貢獻。

由此可見，溫州文化源遠流長，是一個博大精深的文化體系，在此只能作一個簡要的介紹。從「文化基因」來認識，地域歷史文化背景，對一個作家的成長，是有著多麼重要的潛在效應。同時，也能從另一個角度闡釋，其目的是為了讓我們從不同的層次來理解溫州文化對琦君成長的影響與作用，以及琦君文學所具有的溫州文化內涵的文化意味。

二、自然優越的地理環境

從古今中外無數優秀的文學作品中可以發現，鄉愁的地域文化是一個空間對另一個空間的理解和精神的寄託。而這種對故鄉文化的理解和精神寄託的鄉愁，往往寄寓了人類文化情感的豐富性和人格精神的高尚性。這是人類文化情感向更高層次的遞進，它具有通約性和普遍性的意義。同時，鄉愁作為人類文化情感，是特定人文環境培養出來具有恆在的精神生命力量。琦君的鄉愁是一種戀地、戀情、戀物的情結。也就是說，高層次的文化鄉愁是來自於個人感受生命戀情意識對人性、人道、人倫、人情的智慧理解，也是人類情感所具有基本的精神內容之一。琦君的鄉愁是以溫州的甌越文化作為背景，蘊意著中國傳統貴族文化精神，把蘊藏在心靈世界裡的秘密表達出來。這裡面自然流露出濃厚的人性、人道、人倫、人情大悲憫意識。因此，琦君的鄉愁具有歷史的穿透力，散發出自己對國家、民族和個人的情感世界的強烈輻射力，產生了強大的地域文化震撼力。這種震撼力，不僅表現在文學的內在精神，也體現在作家的文學創作風格上。

國外的文學研究成果表明，一個作家創作風格的形成，不僅與其生活的文化環境有著重要的關係，而且與其生活的地理環境也有著極為密切的聯繫。隸屬古甌越的江南溫州，一年四季，氣候溫和，山水清秀，物產豐富，歷史上沒有大起大落的戰爭。這種自然地理環境不僅僅跟琦君文雅溫良、優美清新的文風有著內在的相互聯繫之處，而且對琦君溫柔和氣的性情與儒雅文質的氣質，也是有著薰陶影響之處。再深入下去，這種江南溫州的氣候，在琦君的文學作品裡，也蘊意著豐富的文學藝術意味。我們讀琦君的散文或者小說，都會感受到無論是語言風格還是故事情節，彷彿是江南的小橋流水，典雅大方，溫柔之美，沒有那種驚濤駭浪、排山倒海之勢的驚心動魄之感。她的文學創作語言也彷彿是江南溫州的和風細雨，柳絮燕語；她的文學抒情，彷彿是江南溫州的秀麗山水，清澈分明；她的文學風格，彷彿江南溫州的原野，平和祥靜，自然樸素。為了更好地理解琦君文學創作的風格和文學作品所蘊含的豐富地域地理文化內涵，不妨深入了解溫州的地理氣候環境。

溫州是浙江省東南部的海港名城，梁永嘉太守丘遲稱之為「控帶山海，利兼水陸，實東南之沃壤，一郡之巨會」。溫州處於寧波與福州之間，屬於東南丘陵地區。溫州市區（琦君故鄉的澤雅廟後、瞿溪）西倚崎雲山，北臨甌江，東面東海。崎雲山從西南走向東北，為洞宮山脈一支，山勢巍峨，海拔一千公尺以上，是甌江和飛雲江的分水嶺。自崎雲山東北，山勢逐漸降低，抵甌江南岸，或成為海拔三百至五百公尺的低山，或成一百公尺以下的分散孤丘。溫州市東部是一片由甌江沖積而成的狹長平原。平原土壤肥沃，河網縱橫，農作精緻，人口稠密，鎮市相接。甌江的流向和山脈相切，所以甌江的上、下游多激流。溫州市區的甌海瞿溪與澤雅都是屬於甌江的下游。

溫州的名稱，始於唐代，實以氣候溫暖濕潤著稱。溫州市的氣候屬於亞熱帶濕潤氣候，其特點是冬夏季風交替顯著，溫度適中，四季分明，雨量充沛。全年平均溫度為十八．四度，冬不嚴寒，夏少酷暑，最低溫度也不過零下四度，冬季僅二個月，以溫名地，名實相符。全年平均雨量一千七百毫米左右，雨量的季節分配比較均勻，夏季降水占全年百分之四十二，農作物一年三熟。

溫州屬於丘陵地帶，面海靠山，有平原田野，氣候溫暖，物產豐富。出產的農作物有水稻、小麥、番薯、蠶豆等，山有果木漫坡，出產有甌柑、楊梅、枇杷、金桂、茶葉等。溫州臨海，生猛海鮮，應有盡有，黃魚、帶魚、墨魚、梭子蟹、蝤蛑、海蜇、跳魚、溪鰻、小蝦等等。這些物產成了琦君筆下的好素材。家鄉的小蝦和海蜇構成了妙趣橫生的生物鏈；吐泡沫的螃蟹清蒸後，蘸著醬油醋吃最鮮美；蘸醋的小溪蝦，讓人吃飯吃得津津有味；龜腳作下酒料，父親與朋友邊吃邊吟詩；烤山薯的香味，薰得叫人好饞……這些都是琦君筆下有聲有色的好材料。

自然地理環境孕育了作家生長的這片神聖土地，給作家提供了一個廣漠文化背景的地域，一位有成就的作家總是把自己對這片生於斯長於斯育於斯的土地，所有深刻的生活與理悟的感情，通過文學表達出來。這是一個作家最大的創作優勢和取之不竭的文化資源。琦君的文學藝術之所以取得成功，在於她完全把這片土地情感化、鄉愁化、抒情化，使她的作品獲得強大的生命力。真正美的情感是靠本真的生命意識流露出來，才能打動讀者的心靈。當我們感受到琦君的文字時，也感到自己的情感匯融於她和情感流淌之中。只要我們深入到琦君文學作品裡，結合溫州的地理環境和物產，就會發現琦君筆下有關物產和地理、氣候方面的描述與溫州地理環境和物產有著許多內在的聯繫。從這種潛在效應裡，可以發現作家與生活地理環境蘊意著非常微妙的感應。這種感應表現了地理環境對人的潛在意識，有著不可估量的作用。

三、豐富多彩的民俗風情

民俗風情是一個地域歷史文化的澱積與精神的活化石，具有強烈的自然形成和地域歷史文化的傳承力。它對人的生活與文化的薰陶，有著不可代替的功能。從某種意義上來理解，民俗風情是一種地域文化特色與標識，熔鑄著地域文化的性格和情緒。它對一個人的文化心靈影響起著潛移默化的感應。魯迅、沈從文、老舍等作家筆下的作品，都是以自身生活的地域民俗風情，表現文學所具有的內在文化意味。從民俗風情中吸收文學創作的資源，既有強烈的地域文化性，又能感染讀者的審美心靈。對溫州民俗文化的理解，有助於理解琦君文化心靈內涵的豐富性。民俗風情作為文學表現的文化意義，它是人們生活文化系統中的一個部分，是一種具有人的情感和信仰、心緒的深層次人文精神意義。解釋這種民俗風情的人文精神意義，是一個非常複雜的學術課題。在此不做深論。琦君的散文裡就是洋溢著溫州民俗風情的濃郁生活氣息。我們讀琦君的文學作品，就會發現琦君筆下的溫州民俗風情，不僅有著豐富的文化意味，而且是她鄉愁情感的一個重要載體。琦君的散文〈燈景舊情懷〉、〈粽子裡的鄉愁〉、〈故鄉的婚禮〉、〈壓歲錢〉、〈小仙童〉、〈嘗新〉等，就有一種親切的靠近感，在我們的心靈裡產生協同審美感應。這種感應就是民俗風情在人的心靈上起了情感共鳴的體驗，達到審美體驗的同感。

溫州是一個具有非常豐富多彩的民俗文化地區。漢代時，溫州建立「東甌王國」。當時，「東甌王敬鬼，俗化焉」，民間「尚巫瀆祀」之風甚盛，並有「端午競渡，用以祈賽」之俗。隋唐時，溫州一帶「尚歌舞」，並以歌舞娛神。唐顧況詩：「東甌傳舊俗，風日無邊好，何處樂神聲，夷歌出煙島。」宋代，俗信巫祝禁忌，好佞佛，並信仰海龍神，「奔走拜伏，咒誦呶雜」（宋葉適《水心集》）；同時，元宵燈會、端午競渡之風頗為盛行。至明代，燈彩民俗進一步發展，有首飾龍燈、走馬燈、珠囤以及竹絲、料絲、麥管諸燈。

為了使讀者更了解溫州古代的民俗風情，下面略錄康熙《溫州府志》有關溫州歲時風俗記載：

元日：元旦祀先序拜尊長畢，出謁親族鄰里或留飲。月朔至五日謂之節假，交相展慶，市不貿易。

上元：街衢結竹為門，掛彩張燈，廟宇尤盛。十三謂之試燈，十四至十六謂之正燈，以後謂之殘燈。簫鼓歌吹之聲喧闐達旦，男婦雜沓致煩禁飭云。

立春：先一日官府設飲於巽吉山，迎春入城，舁土牛洎勾芒神於輿後，城村士庶沿街擁觀，以其顏色占歲事。至某時立春，則燒樟葉，放爆竹，用欒實、黑豆煮糖茗以宣達陽氣，名曰煨春。

清明：插柳於門，掃墓而祭，多有邀親朋，拏舟擊鼓鐙金類遊湖者，知者惜之。

端午：懸菖蒲艾蒿於戶，傍午，酌菖蒲雄黃酒，以五色線繫小兒臂，名曰長命縷。各鄉俱操龍舟競渡。祈年賽願。

七夕：有以彩縷穿針，陳瓜果以乞巧者。小兒以此日剪去端午所繫線，名曰換巧。

中元：俗重盂蘭盆會，延僧設齋，以資冥福。其知禮者，止具酒饌祭家祠。

中秋：是夜邀賓朋賞月，或至江干看潮。別邑亦有以十六夜為中秋者。

重陽：登高，其不能攜榼者，亦連袂登九門諸山之巔。

冬至：粉糯米為丸，或炊舂為糍以饗先充饋。是日，官府展履長之慶，交相稱賀，略如元旦，民間則否。

小除夕：臘月二十四日前，掃塵淨宇，迨此夕則祀灶鳴爆竹，謂之交年。

除夕：是日換桃符，粘春帖。至夜，放爆竹，燃燭遍室，謂之照歲。祀先畢，群少長飲分歲酒，或有不寐者，謂之守歲。

從某種意義來理解，溫州文化史就是一部民俗文化史。翻閱《溫州府志》，關於民俗風情的文獻記載比比皆是。溫州是一個魚米之鄉，安定和富裕的生活環境給人民生活帶來了豐富的文化樂趣，並給豐富的溫州民俗文化提供了一個廣闊的繼承和發展的生存空間。我們讀琦君的文章，就會感受到上述的溫州民俗風情文化意味，在她生活中具有深厚的地域文化蘊意和文化娛樂的審美功能。也就是這些民俗風情作為琦君文化情感的載體，表現了深刻的鄉愁文化內涵，使她的散文在廣大讀者中出現了強烈的共鳴感應，使讀者百讀不厭，產生了巨大而恆久的藝術生命力！

貳　琦君的家庭與童年

江南溫州無論是濛濛春天細雨，或者是殘冬漫無邊際的大雪，在琦君故鄉的瞿溪或者是澤雅山上，到處是一大片一大片的碧海竹林。這一大片一大片的竹林，是一年四季綠綠蔥蔥的生命風景線。如果將一個人的生命歷程比作是一棵成長的常青山上大茅竹，那麼家庭就是最初的生長土壤，家庭的文化就是最初的陽光雨露，童年則是竹枝上初發的綠葉萌芽。家庭的文化土壤肥沃，根深自然葉茂，童年生命的文化情感和思維理念，就會蔥蔥鬱鬱，茁壯成長。

家庭是童年最初的啟蒙學校，童年是人生最初具有夢幻的年華。琦君走向文學創作的道路，跟她出身的家庭和童年生活，有著內在的聯繫。

中國是一個深受家族文化影響的國度。家族文化也直接薰陶與影響著一個人的人生理想、思想觀念與心理情感，乃至影響著一個人一生的功名事業。我有意將琦君的家庭與身世以及童年生活，作為探索研究琦君的切入點，正是想從這一塊亟待開墾的領地，開闢研究琦君文學作品文化蘊意的新視線。我一向對中國文化的詞語所表達的內在文化蘊意感到驚訝。比如，「薰陶」一詞，裡面就蘊意著多麼重要的教育文化涵義。經過煙薰火燎的竹簡字刻，其煙薰墨色深深地浸染在竹簡裡，使其竹簡文字，長久不褪色。一個人的童年，經過生活文化環境的「薰」與「陶」，對心靈的潛在意識作用，往往會影響其一生的行為與思想。這是古今中外無數政治家與文藝家的人生經歷與個體命運所證明的。特別是一位受到濃厚家庭文化所薰陶的人，更是永遠不會消褪其童年所影響的文化印記。琦君出身於貴族文化家庭，家學文化淵源對她的性情與人格、精神意志的形成，有著不可估量的作用。使她在後來的坎坷人生道路上，有著堅定的意志，樹立正確的人生價值觀，克服重重困難，為社會創造自身存在的人文價值，有著一定的效應。

因此，我們用追溯的思維方式去研究琦君創作的文學作品裡所蘊含的文化內涵，不僅要從其作品的本身出發，還要從她的生活歷史層面裡挖掘其包含的文化蘊意。特別是對她的童年身世與家庭生活文化氛圍進行追尋研究，顯得更為重要。

童年是人生暮年追憶眺望尋找天上星位的快樂；童年是人生最初、最清澈的原始心靈源泉；童年是紀錄人生最初、最深刻的情感烙印。作為一位作家，童年生活對琦君的文學創作具有潛意識的效應。琦君的成熟，或者說她智能所蘊在的天才性情感、靈感與感悟，其實在其童年時代已經形成了一個非常重要的先天性敏感力。現代心理學研究顯示，一個人到了十一、二歲的少年時代，就差不多完成了個性與情感的塑造。而且這種個性與情感，有時往往註定一個人一生的性格與性情，甚至要影響到一生的命運。因此，深入研究琦君的文學藝術成就，從她的家庭身世與童年生活出發，有著十分的必要。更何況，琦君所表現的大部分文學題材，是從家庭個案出發，以戀鄉思親的情感去表達童年的生活環境。這些題材基本上是取材於十一、二歲的童年時代的生活。

一、不幸的身世

山林的樹木，是一種綠色的生命，但作為綠色生命的樹木，每一棵樹木都有著自己生命流程的印記。也許就是這麼一種生命流程的印記，使天底下所有的樹木，都不是一樣的樣子。如果說天下沒有一片相同的樹葉，那麼就更沒有一棵相同的樹木。人生的流程與身世，恰恰也是這樣的。琦君的特殊身世，也就構成了她對自己童年生活與人生理念的不同體驗與理解。

琦君的祖輩是生活在群峰疊嶂，溪流飛瀑的溫州甌海區北林垟廟後❶，廟後處於溫州市區甌海與瑞安、青田三縣交界的地方。這個地方是偏僻深山，交通閉塞，但是山水清華，竹林如海，距溫州城區約有五十公里。據廟後潘氏家譜所載：廟後潘氏自永嘉潘橋（今溫州甌海潘橋鎮），遷往二十三都廟後，先主文珪公「見山水秀麗，可以安居，遂卜家焉。秀者，習以詩書；農者，力於耕耦」，「山水秀麗，層巒疊嶂，泉甘而土肥，以為采於山美可茹，釣於水鮮可食」。此地「處萬山之中，跨三縣之界。兩山排闥，一水橫門。水口則山巒環抱，形若龜龍；石齒森羅，狀如虎豹。移下水濟，重疊瀑布千層，形勢險峻，猿則畏攀，鳥猶驚度。至其地者，知重交疊鎖，不得驟登，俱由羊腸曲徑繞山而行。術者謂其中必有賢人為斯地光」。這裡能夠避免戰爭烽火，可以自己動手，豐衣足食，正是古代耕讀生息的優越之地。

潘氏自明代遷移到廟後居住，約有六百多年歷史。廟後其名來自於潘氏宗祠附近有廟，稱之為地主廟，祭祀當地之神。據說此地原來是一片荒草荊棘叢生，一次山洪發大水，將山中兩座神像沖到此地。一日一對公牛，忽然來到這個地方，在一片荊棘中互相觸角毆鬥，結果踩踏出一片平坦的空地。當地人認為這是神明的指引，就在這個地方建廟以示紀念。

琦君的祖父潘崇發公之前，潘氏祖輩的故宅就建造在與地主廟相隔一道清溪的對面高坡上。潘氏故宅居高臨下，面對青山翠林，蒼穹悠遠，下臨清溪奔流，庭前繞過，風光十分清幽，景色奇婉秀美。潘氏故宅所面臨的清溪，發源於群山連綿，高峰入雲的崎雲山巔。廟後山水秀麗，溪水長流，清澈見底。

琦君曾祖父潘顯謨公，字增琳，生於道光壬寅（一八四二年）正月初二，卒於民國癸丑（一九一三年）八月二十日。曾祖母鄭氏，生六子一女。六子為崇發、崇強、崇剛、崇毅、崇木、崇納，一女崇芬，嫁澤雅周德沛公為妻。周德沛公於咸豐庚申（一八六〇年）參軍於太平天國翼王石達開部，擅長武術，智勇雙全。祖父潘崇發生於咸豐辛酉（一八六一年）六月二十六日，卒於光緒乙未（一八九五年）正月二十二日。祖母麻氏生於同治甲子（一八六四年）正月初十，卒於光緒辛卯（一八九一年）六月初七。祖父以農為生，在廟後、瞿溪兼營印染業，手工製作染布。

北林垟廟後位於溫州西部山區，有龍溪、五鳳、崎雲、七澗潭、珠岩寺等風景殊勝之奇。此地樹木蔥鬱，層巒疊翠，蒼山銀溪，飛瀑流泉，古村水碓，彷彿是一幅幅連綿不絕的中國山水畫卷。傳說曾有風水先生預言：此地山水清流，必出文秀。不論風水先生此說是否效驗，但是此處溪流清澈，翠竹悠悠，山道彎彎，水木清華，是一派清麗絕美的山水風景。這猶如琦君的小說、散文語言的風格，清新淡雅，自然天成。二〇〇一年秋天，琦君與丈夫李唐基（四川酆都人）回廟後老家尋根探親，對此地清靜絕塵的山水，讚不絕口。

一九二三年，琦君的父親潘鑒宗從軍退伍歸隱之後，從廟後遷往瞿溪❷，在瞿溪營造了一座大莊園。琦君小時在永嘉名鎮瞿溪（甌海區境內）生活了十二年。後來隨著父母離開瞿溪到杭州求學。瞿溪鎮是瞿溪、雲溪、郭溪三溪匯集中心之地，又名三溪。瞿溪環山丘陵地形，中間是一馬平川，土地肥沃，人口密集，距永嘉縣城（溫州市區）僅十三公里。這裡山水清秀，風光優美，是溫州西部山區商貿繁榮、人文薈萃的經濟文化交流中心。

清代學人孫擴圖有一首〈竹枝詞〉讚美溫州山水田園風光：

溫州好，別是一乾坤，宜雨宜晴天較遠，不寒不燠氣恆溫，風色異朝昏。

這闋詞也正給瞿溪的江南山水田園風光，描繪出一幅輕嵐霧靄，朦朧迷茫的悠然自在、淡雅風神的詩意畫境。

明清時代，瞿溪依託永嘉紙山的黃坑、北林垟、澤雅等地，是浙南地區以小竹製作衛生紙的最大集散地。這裡的「四屏紙」，遠銷國內的上海與國外的日本、東南亞等地區。

瞿溪山水之美，常使遊人俯仰留連，吟詠不輟。瞿溪有溪繞鎮，民居屋前舍後，溪流潺潺，清木遮蔭。有八仙岩、泉明山、石潭、石岩屋等風景名勝。南朝劉宋時期，中國山水詩鼻祖謝靈運任永嘉郡守時，足跡踏遍溫州山山水水，在遊覽瞿溪時，寫下了千古名詩〈過瞿溪石室飯僧〉。詩云此地風光：

迎旭凌絕嶝，映泫歸漵浦。鑽燧斷山木，掩岸墐石戶。結架非丹甍，藉田資宿莽。
同遊息心客，曖然若可睹。清霄颺浮煙，空林響法鼓。忘懷狎鷗鯈，攝生馴兕虎。
望嶺眷靈鷲，延心念淨土。若乘四等觀，永拔三界苦。

詩人不僅寫出了瞿溪夏秋之際的風光，描繪了山僧的簡樸的生活情景，表現了對佛教那種莊嚴潔淨，沒有爭名圖利的極樂世界生活的嚮往。同時也流露出了詩人對生物關憐的生態審美意識。

繼謝靈運足跡後，歷代文人墨客相繼遊訪瞿溪，宋代薛景石，明代何白、王激，清代朱彝尊等，均有詩賦瞿溪山水之美。當地人有語讚其自然與人文之美：

> 一塔二寨龍潭灘，橋亭二十嶼墩灣。庵堂寺院十六座，宮門殿宇十四間。

琦君生活在這樣自然環境優美、人文景觀豐富的瞿溪，使她幼小的心靈對自然與人文的感悟有著重要的潛移默化。

琦君的童年是一個傷痛的童年。小小的琦君剛到四歲，就披上了二重孝服。在她出生的第一聲啼哭不久，生父就離開了人間。當她長到四歲時，生母也因病亡故。再長大一點兒，與她相依為命的哥哥也病逝了。可憐的小琦君剛到十一歲，就失去了至親至愛的三位親人。

琦君生父潘國康，生於光緒丙戌（一八八六年）三月三十日，卒於民國戊午年（一九一八年）五月二十九日。生母卓氏生於光緒壬辰（一八九二年）二月初九，卒於民國辛酉年（一九二一年）九月二十三日。在琦君長到四歲那年，生母在病危之際，將小琦君和六歲的哥哥長春託付給伯父潘鑒宗和伯母葉夢蘭收養（為了利於讀者的閱讀方便，在後文中，將潘鑒宗稱之為琦君的父親，葉夢蘭稱之為琦君的母親）❸。

琦君父親潘鑒宗，原名潘國綱。生於光緒壬午（一八八二年）六月初六，卒於民國戊寅（一九三八年）六月初六。他出生於北林垟廟後（後遷居瞿溪）。潘鑒宗父母早喪，由祖父母撫養成人。清光緒壬寅（一九〇二年）中秀才，次年入福建武備學堂，與李濟深同窗學友。光緒丙午（一九〇六年）入保定北洋陸軍學堂，與蔣介石校友。辛亥武昌起義返浙任事，充浙府官員、革命軍一等參謀。民國辛亥（一九一一年）五月復入改名的保定陸軍軍官學校。民國癸丑（一九一三年）春畢業後，出任浙軍第五軍司令部上校參謀兼第六師參謀長（後改稱第一師）。民國甲寅（一九一四年）冬奉派日本考察軍政，因洪憲之變，於次年歸國任浙軍第二師四旅少將旅長。民國戊午（一九一八年）閩之戰援閩，升任第一師師長晉升中將。民國癸亥（一九二三年）退出軍旅。民國甲子（一九二四年）段祺瑞執政，應召赴京加上將銜虛為執政府「參議」。民國丙寅（西元一九二六年），從北京返回溫州，次年遷居杭州。此後晚年生活退出政壇，篤學儒行。抗日戰爭爆發，回故里瞿溪避亂，心憂國難，謝客養病。一九三八年病逝於瞿溪，享壽五十七歲。

潘鑒宗十分重視對琦君童年的文化與性情的薰陶。他常常帶著小琦君，在鄉間田野行走，教她背誦唐詩和《千家詩》。他還帶她遊覽溫州風景殊勝，素有「詩島」之稱的江心孤嶼、晉代大書法家王羲之在永嘉任郡守時留下的遺址「墨池」、紀念劉宋山水詩人謝靈運的積穀山下池上樓、曾有語意「千川映一月，一月攝萬流」的唐代高僧宿覺大師修行過的松臺山[4]……。家鄉的山水和文化，給童年的琦君留下了不可磨滅的印象。

母親葉夢蘭，生於光緒辛巳（一八八一年）十二月十二日，卒於民國辛巳（一九四一年）十一月二十七日。為鄰村社山葉公佐臣次女，年長潘鑒宗一歲。他們是遠房表親、青梅竹馬。葉氏出身名門望族，深受中國傳統文化的薰陶影響。幼年時，葉公常以傳統文化教育她為人禮儀，慈善美德，還教其背誦朱柏廬〈治家格言〉，學會念《孩兒經》、《月光經》、《灶神經》、《心經》、《白衣咒》、《往生經》等。她信奉佛教，為人仁慈寬容，持家勤勞儉樸。她精於針線，敬重依順丈夫，撫養琦君兄妹，關心憐愛貧民，善待憐惜生靈，是中國女性賢妻良母的典型代表。葉氏待琦君兄妹親如己出，百般愛撫，甚至寄託神靈，保佑成長，連飯菜也都供佛之後才給他們吃。琦君小時候，有時因寫錯字，被啟蒙師罰跪，母親總是跟她站在一起。琦君見母親小腳（小時候曾纏過小腳）站著太辛苦，知悔自己不該不認真讀書，這樣太對不起母親的一片真誠關愛之情。從中可見母親對琦君的關愛和用心良苦。

父母待她如掌上之珍，十分關愛。潘鑒宗為中國一代軍人儒將，葉夢蘭為東方女性美德的代表。他們兩位長輩的行藏、品格、情操，深深地薰陶著年幼的琦君。潘鑒宗忠義剛強、沉靜文雅的儒將性格；葉夢蘭慈悲厚道、仁善寬容的女性美德。潘鑒宗文武相兼、為人誠懇的儒家精神風采；葉夢蘭關愛生靈、尊老愛幼的佛學修行情操……。兩位長輩一剛一柔，一陰一陽，一忠一義，一仁一德的文化品格，深深地陶鑄了琦君幼小的心靈世界。深受家庭文化影響的琦君，在她創作的文學作品中，使讀者常常感知到一種慈祥寬容的仁善美德人文精神裡，流露出剛毅沉著的偉岸神韻。

二、童年的啟蒙

杭州西湖孤山腳下，有一座令天下書法家與治印者所宗仰的西泠印社。在久旱的日子裡，其間有一片土地潮潤、樹木青翠的地方。後來有人順其潤土挖掘下去，發現了一口潛泉。從此，這口潛泉，清流奔湧，綿綿不息。一個人童蒙之時正是需要良師去發現、發掘出這樣一道智慧之泉。正如《易》云：「蒙泉初開，智慧汩來。」蒙以養正聖功也。琦君父親潘鑒宗十分重視對琦君童年的挖掘智慧之泉，使其「蒙以養正」，成為有用之才。

瞿溪是江南水鄉，有平原稻田，大戶人家都養有黃牛耕地。琦君小時候常和黃牛相伴，因開智較遲，三歲時只會說單字，見人只是常喊「哞」地一聲。那時，潘鑒宗的好友夏承燾[5]在瞿溪執教，常到潘家作客。他就教小琦君學著說「月光」兩字，以月光之美，引導琦君啟蒙審美性情。在琦君五歲時，父親特聘本地私塾老師葉巨雄作為家庭啟蒙教師。葉巨雄先生（瞿溪下村人，號見雲），「四十左右年紀，禿頭馬臉，目光炯炯逼人」，他是位虔誠的佛教徒，脖子裡常年掛著佛珠，素食長齋。他的食物總是先供佛後才吃，「他終日茹素以外，每月裡還有六天齋期，過午不食」。葉巨雄對琦君教育相當嚴格，有時琦君因寫錯字或者讀書不用功，便罰她長跪。葉師在家開始教她認識方塊字：人、手、足、刀、尺……有時葉師因腳氣病，不能到家教她，琦君就到瞿溪蒙館學校去當旁聽生。六歲時，她開始學寫描紅，因不會握毛筆寫字，常挨先生打手掌心。七歲時，開始讀古典文學《詩經》、唐詩，以毛筆習字，並學寫對聯。她很喜歡聽堂叔潘雪庵（潘駿）

講《三國演義》。「他講『三國』講得真好聽，又會唱京戲，講著講著就唱起來，邊唱邊做，劉備就是劉備，張飛就是張飛」，引起了小琦君對歷史故事的興趣。她還喜歡看阿榮伯畫戲臺上的武生，「最疼我的老長工阿榮伯會畫『毛筆畫』，就是拿我用門牙咬扁了的描紅筆，在黃標紙上畫各色各樣的人物。最精彩的一次是畫了個戲臺上的武生，背上八面旗子飄舞著，懷裏抱個小孩，他說是『趙子龍救阿斗』。」阿榮伯還教她唱歌謠：「十八歲姑娘學抽煙，銀打的煙盒兒金鑲邊……」民間文學和歌謠深深地引起了琦君的興趣，對她後來的文學創作有著一定的影響。八歲時，葉師教她讀《女論語》、《孟子》、《女誡》等。課外喜歡收集香煙畫片，讀香煙畫片背後的《封神榜》、《三國演義》、《西遊記》、《二十四孝》等故事。九歲時，葉師開始教她讀《論語》、《左傳》、唐宋古文。《論語》每一節都要她背，《孟子》要選節背。有時候背錯了，要在蒲團上罰跪，跪完一炷香後，葉師才放過她。琦君愛聽故事，有時候，葉師一邊教讀，一邊講孟子的故事給她聽。

琦君的外祖公是一位有生活經驗與學問的長者。啟蒙師對琦君的教育極為嚴厲，有時背不出《幼學瓊林》與《女誡》挨了打之後，外祖公圍著青布大圍裙的膝頭，就是她的安全避風港了。外祖公還講故事給她聽，他說自己跟父親上山砍柴，遇到野豹，怎麼躲避。刮颱風漲大水，怎樣搶救穀倉和牛欄，長毛（太平軍）來了怎麼逃難等等，這些既驚險又有趣的故事，聽得小琦君嘴巴張得大大的，口水都掉下來了。外祖公有說不完的故事，使她小小的心靈懂得了仁慈、友愛、誠實、勇敢諸方面的做人美德。

堂叔潘雪庵當時是一位思想進步的青年，他常常給琦君帶來社會上的新思潮，講一些外國的文學故事給她聽。他要琦君不要學習傳統封建的東西。琦君對他的才能佩服得不得了。受到他的影響，琦君也喜歡接受新思想，並對書法也產生了興趣。她臨了潘雪庵寫的一副對聯：「蓴菜鱸魚，人生貴適意。瓊樓玉宇，高處不勝寒。」掛於花廳中，自我欣賞，頗為愜意。十歲時，她能熟讀背誦《千家詩》，葉師准她看古典小說《三國演義》、《東周列國志》中部分內容。古典小說激發了她讀書的欲望，她常避開葉師和父親，偷讀小說，起先看武俠小說，後來也看起了義情等小說。她特別喜歡讀《紅樓夢》。十一歲那年，最親的親人哥哥在北京因病去世，使她悲痛萬分，以文言文寫了〈祭兄文〉，表示對這位聰明善良的兄長無比的懷念之情。後來她又以白話文寫了〈哭哥哥〉的文章。十二歲時，讀到二叔在上海讀大學帶回家的一批書籍，比如林琴南的《茶花女軼話》、《浮生六記》、《玉梨魂》、《黛玉筆記》等。有時候讀得搖頭擺尾，淚流滿面。讀蘇曼殊的《斷鴻零雁記》，更是涕淚交流。此時開始喜愛寫作，喜歡寫自己身邊的人與事。寫有〈說釣〉、〈說蟻〉等文章，滿篇盡是「之乎者也」。寫得最感興趣的是葉師給她講了一個老賣藝人與猴子相依為命的故事，並命她以文言文寫了〈義猴記〉。因喜愛《紅樓夢》，從黛玉的人生、愛情、遭遇出發，模仿《黛玉筆記》的筆調，寫了一篇〈碎心記〉。

貴族家庭講究貴族文化的氛圍。讀書就是一種重要的文化標誌。讀書對一個人的終生影響是非常重要的。特別是童年時代的讀書尤為重要。受到童年的影響，作為作家的琦君，她一生酷愛讀書。幼年的琦君，塾師對她的啟蒙教育十分嚴格。他要求小琦君讀書必正襟危坐，面前焚一炷香，眼觀鼻、鼻觀心，苦讀苦背，桌面上放十粒生胡豆，讀一遍，挪一粒豆子到另一邊，讀完十遍就捧著書到老師面前背。有時候，偷偷地拿來二姨媽書櫥裡的《紅樓夢》和外國小說，獨自一人躲避在柴間或穀庫裡，靜靜地讀著。有時為故事裡的主人公黯然淚下，或者振臂悲憤。天氣冷了，她發現廂房樓上走馬廊的一角更隱蔽，長工阿榮伯為她用舊木板就牆角隔出一間小屋，「有一面倚著欄杆，可以遠眺青山溪流與綠野平疇。陽光空氣既好，又少蚊蠅來襲，有時小鳥飛來，停在欄杆上，友善地和我對望片時又悠然飛走。阿榮伯教我以小米餵牠們以後，牠們都停到我手背上來了。」童年的讀書境狀深深地留在琦君的記憶裡。她在〈自己的書房〉一文中，深有感慨地說：

> 今天，我清清靜靜地坐在書桌邊，抬眼望窗外豔陽下的好風景，童年時代的第一間書房便湧現心頭。它啟示我如何排除憂患，知足常樂。

從小養成的習慣，使讀書成了琦君的終身嗜好。她把讀書作為一種感悟人生，豐富情感，提升境界的修練方式。正因為她喜歡讀書，也深知讀書三昧，很講究讀書氛圍，並且營造出非常有人情味的讀書境界。

父親十分喜愛讀書、藏書，也愛搜集版本、碑帖和名家字畫。這給小琦君創造了讀書的條件。她還講究讀書的環境氛圍，而且令她特別喜歡的是在下雨天，風雨掠過茂盛的水竹，燃起一爐檀香和父親一起隔著窗兒欣賞小院子裡萬竿煙雨，一邊觀雨一邊讀書、談書。在杭州讀書時，每到暑期，琦君陪父親到雲居山莊避暑讀書。琦君喜歡下雨天讀書。下雨天，淅淅瀝瀝的滴階雨韻，給人帶來一種寥寂的感覺，思維的節奏隨著雨韻的旋律，進入讀書字裡行間的精神世界，自然有一種特殊的美感。所以，她喜歡獨自一人，清清靜靜地坐在書房裡讀書。她認為這是一種人生最高、最美的境界。

琦君是一位感情深沉的作家，她對自己的童年讀書有過深刻的感受，她在〈三更有夢書當枕〉一文中，曾有過感嘆：

當我回憶陪父親背杜詩閒話家常時的情景，就好像坐在冬日午後的太陽裡，雖然是那麼暖烘烘的，卻總覺光線愈來愈微弱了。太陽落下去明天還會上升，長輩去了就是去了，逝去的光陰也永不再回來。春日遲遲中，我坐在小小書房裡，凌凌亂亂的追憶往事，凌凌亂亂地寫，竟是再也理不出一個頭緒來。我只後悔半生以來，沒有用功讀書，沒有認真做學問。生怕漸漸地連後悔的心情都淡去，只剩餘一絲絲悵惘，那才是真正的悲哀呢！

三、貴族的生活

中國園林是一種綜合的文化。它不僅是典雅的山水風景和造型別緻的亭臺樓閣的濃縮精華，而且還是一種古典詞學的境界。讀中國古典詞文，就會使人彷彿走進一座座精緻秀美的園林。同樣，一個對詞文有著美感的人，走進一座園林，就會使人有一種詞的境界美感。生活在園林裡，就會有一種詞的美感。而且對一個人的審美，有著許多潛在的感應。

琦君的童年就生活在瞿溪一座非常豪華的貴族潘宅莊園裡。潘宅莊園以中國古典園林建築風格，表現了簡練精美的中國古典詞學境界。誰能料想到，貴族生活的環境，竟然對琦君後來的詞學研究，散文、小說的詞境創作，有著重要的審美效應。在琦君的文學作品裡，我們常常會讀到她生活中的潘家莊園文化對她的影響與薰陶。

潘宅莊園占地面積十八畝。一九二〇年動工興建至一九二四年竣工。潘宅莊園主體建築有樓房與前庭平屋各五間，園內模仿蘇州園林格式，造型新穎。並建有花廳、書房、池亭花圃、迴廊曲徑。莊園裡植有古木成蔭，奇花異草，爭奇鬥豔，美不勝收。

瞿溪山水秀麗，清溪環繞。潘宅莊園處於平疇原野，四季風景交替之中，有碧水清溪繞宅而過。潘家前門小徑出去數十步就是一灣蔚藍色的溪流。「春風和暖的天氣，父親每愛在夕陽裡，帶我到亭亭的菜花麥浪中散步，父親在前面策杖閒吟，我在後面搖頭擺尾地跟著背《千家詩》。」

莊園內的兩側有四季常綠的橘園，每逢夏天清香幽幽，秋天果滿樹梢。門庭前兩旁有八棵柏樹，青翠鬱綠，高大挺拔。道坦四周綠樹成蔭，數十棵桂樹，秋到香溢村野。潘家前後大院落裡，最多的是桂花樹。一到八、九月桂花盛開季節，一陣風吹來，桂花就紛紛落在小琦君的頭上、肩上，她就好開心。世上有這樣可愛噴香的雨嗎？父親還吟詩說「花雨繽紛入夢甜」。

潘宅的迴廊老牆、門庭花窗，都是精緻的磚雕和白灰泥雕的工藝品。既講究精雕細刻的工藝，又使花木綠草與之相映成趣，具有極高的審美價值。這種園林工藝與自然環境有機地融和在一起，是一處果木清幽、讀書入靜的好地方。特別是到橘果幽馨、桂花飄香的季節，更有一番妙境。

庭院裡的桂花有銀桂、金桂兩種，銀桂又名木樨，是一年到頭月月開的，也稱月月桂。花是淡黃色的，開得稀稀落落的幾撮，深藏綠葉之中，散發著淡淡的清香，似有若無。正廳庭院中與書房窗外各有一株。父親於誦經吟詩之後，總喜歡叫小琦君端把藤椅坐在走廊上，和他一起聞聞木樨的清香，說是這清香有清心醒脾之功。

潘宅莊園有書房、亭池、花圃、玻璃廳組成相當精美的花廳建築布局。

花廳中的書房有一廳二室。書房裡藏書豐富，分別放有商務影印的《大藏經》、《四部叢刊》、二十四史、十三經注疏等古籍。書房小廳寫有一幅對聯：半天朱霞雲中白鶴，湖邊青雀陌上紫騮。

父親的書房在正屋右首邊，隔一道青石大屏風。一幢單獨平房內分三間，最外面一間擺著紅木鑲雲母石面的長桌，以備賞畫之用。進圓洞門另一長房間是書房，一邊一張油木榻床，父親看書倦了在此休息，右首是經房，是他誦經靜坐之處，書櫥裡藏著佛經、《四部叢刊》以及木版善本專集等，則放在外書房中。這一座書城已足夠使小琦君留戀忘返，廢寢忘食。一次，琦君和堂叔潘雪庵在山中撿來一些松樹的內皮，就著自然的筆磔拼成「聽雨軒」三個字，貼在圓洞門上。父親看到了也點頭讚許。經堂的落地門外是小院落，清幽寧靜，種著茂盛的水竹，有時風雨掠過，竹浪翻騰，空氣顯得格外清新。

聽雨軒是一處自然與建築融於一體的聽雨好地方。聽雨是中國古代文人的一大嗜好。琦君的父親也深知其中的審美意趣。這種聽雨之戀，自然也影響著琦君。「五月黃梅天，到處粘榻榻的，母親走進走出的抱怨，父親卻端著宜興茶壺，坐在廊下賞雨。院子裡各種花木，經雨一淋，新綠的枝子，頑皮的張開翅膀，托著嬌艷的花朵冒著微雨，父親用旱煙管點著它們告訴我這是丁香花，那是一丈紅。」

書房前庭是飛簷蹺角的六角亭。亭沿雕繡欄檻，檻下有魚池，清澈見底，田魚漫游。池沿擺設著奇花異卉的盆景，姹紫嫣紅，花香馥郁。玻璃廳朝南走去，又是一個花圃，種植著各種花木。花廳院牆邊，有一株幾丈高的白蘭花。每天有冒不完的花苞，摘不盡的花，濃烈的花香，薰得人頭都昏昏然了。

童年的敏捷感情和深刻的記憶，一草一木，一風一雨，自然深深地積澱在琦君幼小的心靈裡。經過人生滄桑歲月的發酵之後，醞釀出來就是一罈罈陳年的紹酒。潘家莊園的貴族生活環境，深深地薰陶了琦君的貴族氣質。誠然童年的不幸命運，也給琦君帶來了無限愁緒的哀傷。但是難能可貴的是，這種生活環境也造就了琦君的貴族氣質，培養了她的文學精神潛質。

四、童年的樂趣

琦君童年生活的瞿溪，是浙南商貿名鎮。這裡很講究民俗文化，繁榮的經濟基礎，活躍了古鎮的民俗文化生活。瞿溪人很講究節日的生活。豐富多彩的民俗生活，給琦君的童年帶來了無限的樂趣。從某種意義上來說，文化的生命之根札在民情風俗之中，這是一個值得我們思索的人文精神理念。中國傳統文化中的「禮」所構成的民情風俗，以及祭祀裡面所蘊含著「仁」與「道」的精神內涵，經過幾千年歷史的分化與滲透，已經成為一種平民化、表層化、生活化、世俗化，深深地澱積在人們的生活與心靈之中。中國現代許多作家都是受其影響的。比如當代文學作家魯迅、沈從文、老舍、張愛玲，就是連學問家胡適之、錢穆也受其民俗文化的影響。典籍文化中的思想，只是在士大夫的掌控之中。真正影響著人們和民族精神的文化內涵核心，還是在於平民世俗生活的風情之中。在琦君的文學作品中，特別是散文中，對這方面的描述更是十分豐富。琦君在童年生活中感受到溫州民俗文化，在她筆下的民俗風情，是作為鄉愁文化追憶的重要載體，受到廣大的讀者所喜愛，以及對廣大讀者的影響，也正是表明了這一點。

瞿溪是溫州西部山區的中心集鎮。每年二月初一，是瞿溪特有的盛大節日。這一天來自溫州城區以及永嘉、樂清、瑞安、平陽、青田等地的商販、顧客、旅遊者、探親訪友者都紛至沓來，絡繹不絕。大街小巷，遊人摩肩接踵，家家門戶大開，喜氣洋洋，設酒待客。各式各樣的祭祀、敬神、戲社、魔術、物資交流等活動綜合一起，非常熱鬧。

春節來臨時，正是瞿溪農閒時節，經過一年辛勤勞作的農民終於盼到了休閒養息的時候。江南的溫州過新年特別熱鬧，從「十二月二十三送灶神開始，一直要熱鬧到十五，滾過龍燈，吃過湯糰，才算落幕」。這個時候，有吃的、有玩的，童年的琦君真是快樂極了，外公給她壓歲錢，她就拿去買鞭炮玩。

小琦君最喜歡的是點喜燈，「吃完晚飯以後，阿榮伯就把山薯平均地切成一塊塊，把香梗也平均地折成一段段，插在上面；再打開一大包細細的紅蠟燭，叫我幫忙，……他一手提燈籠，一手牽我到各處點喜燈。前後院的大樹下、大門的門神腳邊、走廊裡、穀倉門前、廚房水缸邊……統統都點了擺好。全個大宅院都紅紅亮亮、喜氣洋洋起來。」

「點喜燈的有趣節目以後，五天新年當然是沒頭沒腦的玩樂，然後眼巴巴盼望初七、八的迎燈廟戲。」「迎燈」就是「迎佛」，「也是慶祝豐年、歌舞昇平的意思」。「迎燈是一年之首，地方全體百姓，對神祇的佑護表示感謝，典禮不但隆重，還要愈熱鬧愈有擺場愈好。所以大戶人家都是慷慨捐款，出錢又出力，把迎燈廟會辦得體面非凡」。迎燈隊伍走過來，「遠遠看見燈籠火把像一條火蛇似的從稻田中遊來，我就合掌朝著那方向拜。隊伍漸漸近了，高大的開路先鋒搖晃著雙臂過去後，就是樂隊、香案、馬盜。菩薩的鑾駕在最後，晴天就坐明鑾，可讓大家一睹風采」。看龍燈，「鑼鼓響起，鞭炮齊鳴，我又躲在大人身後面，從人縫裡看大龍。大龍昂著頭，瞪著一雙大眼睛，張牙舞爪地來了。我有點害怕。主祭者念完一段詞兒，鑼鼓又響起，大龍又開始滾舞了。每一個舞龍者手舉一段龍身，穿花似的美妙滾舞。他們平時都是普普通通的農夫，但這時都變成了龍的一部分」。那樣神奇的契合，看得她目瞪口呆。

過了元宵燈會節，慶賀新年還沒有降下帷幕，家家邀飲春酒。飲春酒自然有著無限的快樂。春酒又名「八寶酒」。「八寶酒，顧名思義是八樣東西泡的酒，那就是黑棗（不知是南棗還是北棗）、荔枝、桂圓、杏仁、陳皮、枸杞子、薏仁米，再加兩粒橄欖。要泡一個月，打開來，酒香加藥香，恨不得一口氣喝它三大杯。母親給我在小酒杯底裡只倒一點點，我端著、聞著，走來走去，有一次一不小心，跨門檻時跌了一跤，杯子捏在手裡，酒卻全灑在衣襟上了。抱著小花貓時，牠直舔，舔完了就呼呼地睡覺，原來我的小花貓也是個酒仙呢！」

溫州的端午節是一個很講究綜合的節日，有著地域民俗文化特色。除了划龍舟、滾龍燈之外，還有早上挑五月五河水、點露水抹眼睛、吃灰湯粽、嚼豌豆、雄黃燒酒潑地。早晨起來，將米粽、雞蛋，和著百草（菖蒲、五爪龍藤、青草等）放入灰湯鍋裡煮熟。

小琦君最喜歡吃這種灰湯粽。她說：「我最最喜歡吃的是灰湯粽。那是用早稻草燒成灰，鋪在白布上，拿開水一沖，滴下的熱湯呈深褐色，內含大量的鹼。把包好的白米粽浸泡灰湯中一段時間（大約一夜晚吧），提出來煮熟，就是淺咖啡色帶鹼味的灰湯粽。那股子特別的清香，是其他粽子所不及的。」

端午節，阿榮伯還帶她到鄰村去看比龍船更好玩的臺閣。「那是一條大的平頭船，船上是張燈結彩的亭臺樓閣。高高的樓頂上豎著一根木柱，上面掛著一塊木板，木板上騎著一個小孩，紅襖綠褲，圓嘟嘟的臉上搽了厚厚的胭脂粉。鼻梁正中一點紅珠點，頭頂一根沖天小辮子」。「船在微微地搖擺，小仙童也在空中蕩來蕩去」。

除夕時節，撣塵、搗糖糕、祭灶神、吃分歲酒等，都是小琦君快樂的節日活動。撣塵「就是春節的大掃除」，「平時許許多多的東西，都收在不知什麼地方，這時全搬出放在天井裡，徹底的洗滌」，「儲藏室的門敞開著，瓶瓶罐罐等好吃的東西，也都搬出來擺在走廊下的長桌上，花生糖、芝麻餅、金絲蜜棗、糖蓮子，還有整大缸甌柑，我和胣肝叔叔可以大顯身手，趁火打劫。」緊接著是做年糕，也就是「搗糖糕」。「米粉在蒸籠中蒸透以後，加紅糖在石臼裡搗得糖色均勻，並有了彈性，然後用長方雕花模型壓成一條條朝笏似的長年糕，一排排疊得高高的，以備正月裡送禮請客之需。」「撣完了塵，搗好了糖糕，就是二十四夜送灶神爺」，「送灶神既是個小小的典禮，卻是一個序幕，從此以後，就一天天更進入年景了。」

溫州一帶江南水鄉，百姓生活豐富多彩。特別講究婚禮儀式。參加婚禮是鄉村童年一大快樂的風景。小時候的琦君去看婚禮湊熱鬧，或者陪著母親去吃「請辭嫁」或者「坐筵酒」。「嫁女兒當晚的酒席，稱作『請辭嫁』，是做女兒的最後一頓在娘家吃飯。所以酒菜非常豐富，而且有一道菜必定是母親親手做的。」「娶兒媳婦的喜宴叫做『坐筵』。一坐起碼兩小時，這是為了要訓練新娘子的忍耐心。」「坐筵的酒席也非常豐富，被請作『坐筵』客的一半是長輩，一半是年輕姑娘，姑娘必須長得十分標緻。年齡十五、六歲左右，已經訂了親，在半年內就要做新娘的最合適。我當時才十一、二歲，長得明明是個塌鼻子鬥雞眼的醜小鴨，但因為是媽媽的獨生女，她每次總是帶我同去作『坐筵』席上的小貴賓。」

溫州屬於丘陵地帶，有山水、平原、河流，各式各樣的物產豐富。小琦君喜歡吃楊梅。她說：「我鄉的茶山楊梅，可以媲美於紹興的蕭山梅，色澤之美，更有過之。一顆顆又圓又大，紅紫晶瑩像閃光的變色寶石。」「我們要從楊梅上市的第一天青的酸的，吃到下市的最後一天爛的苦的才罷休。」有時候，「我一面做著代數，一面把楊梅放在嘴裡慢慢兒啜著甜汁。令人頭痛的代數題，一道也做不出，十個楊梅卻在萬分不捨得吃的情形下吃光了。母親笑著端起剩下的說：『再吃一個，明天的代數就考個楊梅大的零分。』我也笑著，紫色的楊梅汁滴落在練習簿上。」

甌柑是溫州的特產，有二千四百多年的栽培歷史。宋元明清時均被朝廷列為貢品。因為甌江沖積的泥層，最適宜種植這種柑子，所以叫甌柑。「甌柑比桔子形狀稍尖，皮亦較厚，但皮上那股子清香味兒，卻有勝於桔子。瓤子水分充足，只是吃後回味稍稍有點苦。我就是喜歡那一點雋永的苦味，這是任何其他水果所沒有的。」只要保藏得好，到了清明、端午還能吃到甌柑。「那時的柑子，表皮雖不那麼光澤，可是水分一點不減少，而且甜得出奇，也苦得清口，可以解煤煙，去火氣。頭痛、嗓子痛，吃一兩個就好了。」

琦君更喜歡吃的食物有桂花滷、桂花茶、桂花糕、爛腳糖、溪蝦、螃蟹。

桂花滷是「搖下來好多簞的桂花，先裝在簍裡。然後由母親和我，還有我的小朋友們，一同把細葉子、細枝、花梗等揀去，揀淨後看去一片金黃，然後在太陽下曬去水分。待半乾時就用瓦缽裝起來，一層糖（或蜂蜜），一層桂花，用木瓢壓緊裝滿封好，放在陰涼處；一個月後，就是可取食的桂花滷了。過年做糕餅是絕對少不了它的，平常煮湯圓、糯米粥等，挑一點加入也清香提神。桂花滷是越陳越香的。」「母親又把最嫩的明前或雨前茶焙熱，把去了水氣半乾的桂花和入，裝在罐中封緊，茶葉的熱氣就把桂花烤乾，香味完全吸收在茶葉中。」

「桂花糕、豆沙糕、茯苓糕、爛腳糖啊。」清早，小琦君一聽到叫賣聲，就會從床上跳下來，連聲喊著：「媽媽，我要吃爛腳糖，我要吃爛腳糖。」爛腳糖「樣子四四方方的，雪白柔軟的糯米粉，當中鑲著圓圓一片豬油豆沙和著桂花，看去就像一片膏藥。」母親說她是吃爛腳糖長大的。她「每天早上吃兩塊，下午吃兩塊，吃得滿嘴滿鼻子的豆沙，然後用舌頭一舐，桂花香一直留在牙齒縫裡。」

溫州地處海濱，到漁汛時，漁民把海裡捕到的小蝦子，先煎熟，然後曬成小蝦乾。「我家鄉叫它做蝦皮或溪蝦。用米酒洗一下，再蘸醋吃，非常的鮮美下飯。小時候，每天早上，母親都給我煮一碗熱騰騰的蛋花溪蝦泡飯。我跪在長板凳上吃得津津有味。」還有鮮美的螃蟹，「無論是清蒸以後，蘸醬油醋吃，或是由麵粉雞蛋調了炒來做麵拖蟹吃，都是最最鮮美的。」這也是小琦君所喜愛的食物。

五、多愁的善感

琦君的母親葉夢蘭是一位深受中國傳統文化影響的典型東方倫理道德女性代表。琦君從小就受到母親的影響，母親在她很小的時候，就教她背誦《女兒經》、朱柏廬〈治家格言〉等讀物，並培植了她的悲憫意識、仁慈觀念、寬容胸襟的佛教精神。母親是一位典型中國儒、佛結合的文化所「化」的「東方女性典範」。幼年時，母親時常把小琦君抱在膝蓋上，點著大堂屏風門上的朱柏廬先生〈治家格言〉，一字一句地教她念。而對於「一粥一飯，當思來之不易。半絲半縷，恆念物力維艱」幾句，她總是反覆為琦君解釋，要她節儉惜福。這樣，作為琦君第一位啟蒙師的母親，她對琦君的情感影響是多麼的重要！

母親既是一位虔誠的佛教信仰者，又是一位中國傳統禮教的繼承者。但是她的命運卻是不幸的，她的慈悲與善良卻是以寬容的心境壓抑著自己心靈世界的痛苦。她對丈夫潘鑒宗有著深沉的夫妻恩愛和一種對男子漢崇拜的偶像心情。這種心靈的偶像，既給予她精神的安頓，又給予她沉重的心靈負擔。潘鑒宗因她不能生育，連續娶了二、三、四姨太。特別是男權和絕對的地位，使她常常處於尷尬的狀態。這種帶著內心痛苦來修飾外表的虛飾，使琦君從小就能體味生活中微妙的心靈世界的內在痛苦。同時，使琦君從小就知道母親的痛苦心境，並能理解那個時代女性的沉重無奈苦難與精神的壓抑。

琦君的啟蒙師葉巨雄是一個具有深厚傳統文化功底的老先生，雖然他是一位純粹的佛教徒，但他對琦君的教育影響，往往是佛教的精神薰陶勝過文化知識的傳授。用現代的教育學來看，他是一位純粹的舊禮教殉道者。但不可否認的是，他對琦君的宗教影響所產生的精神感召力，使她終生難以改變信仰意識。少年時代的薰陶，往往勝過說教的功能。所謂身體力行的為人師表內在影響，具有強大的教育精神生命力。

琦君受到父母良好儒家倫理的善化美德薰陶教育，使她從小就有一種多愁善感的情懷。在她童年的情感中，對於底層平民寄予一種同情的理解和尊重。在她童年的心靈裡，潘家莊園裡的長工阿榮伯、修剪花木的阿標叔、父親的馬弁胡雲皋、陳勝德以及橋頭阿公、三叔婆、牧師張伯伯等，既是她可敬的長輩，又是她寄予同情的生活在底層的人物。

少年的琦君從他們的身上學到了許多知識，悟到了許多為人的美德。

長工阿榮伯是最疼她的，阿榮伯帶她去看龍舟，講故事給她聽，關心她，還教她畫畫。她跟阿榮伯點喜燈時，在紅紅的燭光裡，看見阿榮伯的鬢邊有好多白髮，她捧住他的手膀關心地說：「阿榮伯，你也長大一歲了。」他笑笑說：「我不是長大一歲，我是老了一歲。你才是長大一歲。」「大人總是要老的，只要小的長大，一代一代接下去就好了。」橋頭阿公「是全村敬重的老爺爺」，「他有個外號叫『單句講』，意思是一句話吩咐出來，就令出如山，絕無更改。」橋頭阿公教她學會在溪流中踩著石碇埠走路時，對她說：「這才是真正走橋，一步步跨過去，眼望前看，心不要慌，腳步就穩了。」童年的琦君記下了阿榮伯和橋頭阿公的一席話，裡面包含著多麼深刻的人生哲理。

阿標叔是她家的老工友，是隨她的父親從部隊裡退下來的。他常常出口成文，說話成語很多。他和阿榮伯很要好。阿標叔常常戴起老花眼鏡給小琦君糊花燈玩。父親的兩個貼身馬弁胡雲皋、陳勝德。胡雲皋是管武的，專管擦指揮刀、勳章等等，擦得亮晶晶的，再收起來，嘴裡直嘀咕：「這些都不用，真可惜。」陳勝德小矮個子斯斯文文的，會寫一手好小楷。母親有時還讓他記菜帳。抗戰時期，他們兩人為了到杭州看潘家別墅，被日寇殺害。琦君對母親的朋友二乾娘十分同情，將自己的壓歲錢送給她解難。三叔公的異國少婦三叔婆，因語言不通，受到長輩和妯娌的排斥，不得已離開五歲的愛子，回歸巴西，像破碎了的水晶盤，是多麼可悲啊！她常常跑到家對面的天主教堂裡，給牧師張伯伯送桂花枝，一邊吃著爛腳糖，一邊聽張伯伯彈風琴唱讚美詩。她不嫌乳娘的女兒阿月家境貧困，情同親姐妹，心心相印，有著童年的友誼。一對金手鐲，阿月一隻，自己一隻，成為永恆的思念。

童年的琦君有著親人生死離別的痛苦❻。也可以說，琦君的童年是在多愁善感中度過的。生活與人生突遭變故的不幸，給少年的琦君心靈，帶來了許多不可彌補的創傷。二姨媽的突然來臨，對母親的無情打擊，深深地刺痛了小琦君的心靈。她為母親的委屈而憤慨，但對父親的敬畏又不能作出反抗的抵禦。特別是哥哥的去世，使她那多情而憂傷的感情帶來終生難以忘卻的痛苦。哥哥是她唯一的親人，又是她精神的安全港。這一切使聰明的小琦君對人世的炎涼，有著過早的成熟。她暗地裡背著父親與母親悄悄地痛哭，使小小的琦君領悟到人生離別，永不相聚的人世茫然的錐心痛苦。貴族家庭的不幸遭遇，不僅使琦君對人生、人情、人道有了過早地成熟，而且豐富與擴大了她對人性的感悟與情感的心靈空間。這種悲哀的人生遭遇，使八十五歲的琦君一談起母親與哥哥，就感情激動，眼淚盈眶。繼哥哥去世之後，十四歲的小弟弟在一個七月十五的深夜也去世了，緊接著父親與母親也相繼去世。這樣種種人生的變故與遭遇，使琦君心裡一直在想著，一定要把心中的人與事寫出來。貴族家庭的變故和人世生命的變幻，就成為琦君文學創作的強大衝動力。這種強大的衝動力是一個作家感情的衝動力。

六、家學的淵源

顯然，一位作家的成才，跟他（她）童年時代的家庭文化薰陶有著極為重要的潛在效應。而這種具有重要薰陶的家庭文化「煙火」，就是家庭文化背景的家學淵源。雖然，我們不能說家學淵源是唯一決定一個人人生事業成功與否的因素，但不可否認的是，家學淵源和童年生活對人的情感、思維、審美，以及人生觀、世界觀、價值觀所構成的人生理念，有著不可迴避的潛在性心靈感應。比如曹雪芹若沒有深厚文化底蘊的家學淵源，就不可能寫出《紅樓夢》這部宏篇巨著。同樣的道理，琦君沒有深厚的家學淵源背景和豐富的童年生活，是不可能寫出具有深刻文化情感的鄉愁文學作品的。

我們可以給琦君的家學淵源，定位為貴族文化。理由很簡單，琦君的父親是一位具有深厚文化底蘊的儒將，母親是一位地道的佛家文化信徒和奉行者。同時，琦君生活在具有中國古典園林建築的潘宅莊園。潘宅莊園有亭臺樓閣，有假山溪水，有書廳花園，是一座體現古典園林的詞境文化與構設自然山水的生活環境。在二十世紀初葉，像琦君這樣能夠享受到如此華美的莊園生活與家庭文化環境的條件，是很少有的。潘宅莊園裡有長著白鬍鬚的外公，教她背誦朱柏廬〈治家格言〉；有會說會道，寫一手好書法的小叔潘雪庵；有善良勤勞的長工阿榮伯、阿標叔；又有父親的僕人陳勝德、胡雲皋等，他們給她講生活中的民間故事，背誦民俗歌謠，帶她看戲社[7]。小琦君在這種貴族生活的環境裡，可以無憂無慮、自由自在的生活。

誠然，這種貴族的生活環境，更需要有貴族文化來營造或者支撐著貴族精神。如果僅有豪華的生活環境，沒有高貴典雅的文化作為貴族生活的精神支柱，那麼還是一種可怕的「繡花枕頭稻草蕊」的生活方式。琦君作為作家的命運，彷彿冥冥之中就有神來支配。她有了這麼一種豪華的生活環境，蒼天又給予她營造了一種豐富文化環境，使少年的琦君受到豪華生活與貴族文化的雙重薰陶與影響。然後，蒼天又將她從風雨中迫離故鄉大陸，匆匆來到臺灣，再將她從臺灣漂泊到異國他鄉的美國，過著思鄉的人生暮年生活。蒼天給她的命運和境遇創造了一個非常巧妙而又艱難豐富的人生歷程，為她的文學創作與營造鄉愁文化安排了一個具有潛在效應的人生際遇的天機。

琦君童年的貴族文化精神主要來源於兩個方面，一方面來自於父親與父親的朋友所具有儒家文化與剛毅的人格魅力；另一方面來自於母親與啟蒙師葉巨雄的佛教文化慈祥、寬容與悲憫意識。這兩種「行健不息」與「厚道載物」互相交融的儒釋文化精神，對童年的琦君產生強烈的心靈震盪與影響，以至支配著她一生為人處世和文學創作的全部內涵。她的文學作品所揭示的內在本質，也是一種儒家性情倫理、社會秩序的內涵，和佛教關愛弱者、憐惜生物的悲憫意識、寬容大度的胸襟。她也以此作為自己文學創作的一個重要題旨，終生堅定不移地為之全力奮鬥。

琦君的父親潘鑒宗是一位經過時代戰亂而急流勇退的軍人，他曾經是一位戰場上的鬥士，但他後來隱退故鄉，過著隱居的田園生活。他是一位讀著《論語》、《孟子》長大的人，深受儒家文化的影響；他是一位讀唐詩宋詞的人，中國古典詩詞豐富了他的情感。人稱他為一代儒將，是當之無愧的。晚年的潘鑒宗儘管自己病骨支離，對琦君的教誨卻是越益嚴厲。病榻之間，他常對琦君口授《左傳》、《史記》、《通鑒》等書，要她不僅記憶史實，更要體會其義理精神，並勉她背誦《論語》、《孟子》、《傳習錄》、《日知錄》，可以此為終生受用不盡。《曾國藩家書》與《飲冰室文集》亦要熟讀。他教育琦君為人為學是一貫道理，而端品勵行尤重於學業。在琦君二十歲生日時，父親口占一詩，以示期望：「聰明如汝又心清，泉湧文思下筆成。一瓣心香虔默禱，期兒成業又長生。」潘鑒宗的兩位摯友劉景晨[8]和楊雨農[9]又是當時溫州文化界與實業界的名流代表。劉景晨的學識、藝術與人格都是當時社會上有著極大影響與地位的人物，他詩書畫樣樣精通，又具有剛強不屈的人格精神力量。楊雨農是一位實業家，在溫州創辦了許多實業，又是一位慈善者。當時他為溫州創辦了許多社會公益事業，並積極捐助社會公益事業。

父親的兩位摯友和他們的學識、性情與人格魅力深深地影響了琦君少年時代的整個文化心靈。少年的琦君對父親與父親的兩位摯友是懷著一種崇拜的敬仰之情，使之成為心靈中的偶像，並占據了琦君整個心靈。這些對她產生了人生行為與思想的導向作用。父親與這些文化人的交流與交往，所表敘的通達胸襟與博識精思，對培養小琦君深厚豐富的心靈秩序有著隱含的意義。

跟母親和啟蒙師相對應的是琦君的小叔潘雪庵（琦君散文中稱之為朓肝叔）。潘雪庵大琦君十歲。他是一位受到「五四」新文化運動影響的青年，他倡導白話文，倡導思想解放，反對女性的「三從四德」，引導琦君讀外國小說和新文化科學知識。潘雪庵出現在琦君生活裡，給琦君從潘家莊園的四角天空之外，看到了許多新鮮的知識天地。使她在父母的儒釋精神基礎上，開闢了一片新視角的世界。少年的琦君假如沒有父母舊傳統禮教和文化的薰陶，及貴族莊園生活環境的影響，說句實在話，即使在潘雪庵的新文化思潮衝擊下，琦君有反叛傳統精神和創新的思維方式，也不可能寫出具有如此強大文化生命力和文化內蘊張力的文學作品。

從宏觀的文化視野，客觀的評價琦君少年時代的文化氛圍，無論是父親與他的摯友、母親和啟蒙師、小叔潘雪庵的每一個舉動和每一句語言的潛移默化，甚至於潘家莊園的一磚一瓦、一草一木，裡面都蘊意著中國傳統文化底蘊和人文精神的內涵。從人類文明發展來看，貴族文化是一個地域文化的昇華和提升到一定層次的具體表現。我們不提倡那種豪華與揮霍無度的貴族生活方式，但一個人的文化氣質不能沒有貴族的人文精神意識。假如曹雪芹沒有少年的貴族生活與文化環境影響，就不可能寫出千古不朽的《紅樓夢》。《紅樓夢》是中國貴族文化高度濃縮精華的結晶。同樣的道理，假如琦君沒有貴族的文化生活影響，或者寫出的作品不具有貴族所內蘊的文化活力和精神氣質，那麼琦君的文學成就就要大打折扣。誠然，對於那些沒有貴族生活環境薰陶與貴族文化精神氣質的作家和文藝作品，雖然也具有強盛的文化生命力，但有一點不可否認的是，這位作家與其文藝作品，一定代表著那個地域高度濃縮的文化精華。一位作家沒有提煉那個地域文化精神的本領，就不可能寫出具有傳世能力的作品。不可忽視的另一個因素是，琦君童年的貴族文化生活，帶著甌越文化的強烈印記。從這個角度來理解，琦君的文學藝術成就提煉與提升了甌越文化蘊含的貴族文化特色，使她的文學作品，既具有甌越文化的地域性，又具有中華文化的民族性與人類文化情感的世界性。

注釋：

❶ 廟後位於溫州市甌海區西南部。地處山區，有耕地林地和水田，主要種植水稻、番薯以及柑橘、枇杷等。山上植有大片大片的竹林，可以製造傳統的衛生紙。境內文物名勝古跡有四連碓、源口永寧橋、通幽峽、九龍瀑、深羅漈、古聳寨、珠岩庵、七重岩、周嶴民居等。

其中四連碓於二〇〇一年被列入國家級文物保護單位。此地風景秀麗，有「西雁」之美稱。一九九五年被列為省級旅遊風景區。其中有建於元代至正年間的寂照寺，建於明代的漫水橋。明代延續至今的土法造紙術（四連碓的搗刷、紙槽撈紙等）。有正月十三挑燈活動節日。豐厚的人文景觀與原始、野韻的自然風光共同構成一方寧靜、古樸、清幽的環境，使人彷彿進入返樸歸真的感覺。

❷瞿溪位於溫州市甌海區西南部，以瞿溪穿境而得名。主要農作物有水稻、小麥、竹筍、茶葉、楊梅、葡萄等。早在明朝，便已在瞿溪設立造紙局，並差官監造，生產供朝廷內宮享用的高貴的蠲紙。清代至民國期間，瞿溪成為聞名全國的衛生紙集散地。隨著時代的變革，瞿溪一帶的造紙業衰落了。現在瞿溪成為溫州市最大的製革中心。每年農曆二月初一為瞿溪市日，商賈雲集，多達十餘萬人。瞿溪山青水秀，風景美麗，境內有文物名勝古跡分水城、普明寺、八仙岩、呂祖廟、肇山寺等。

❸琦君在《永是有情人》代序裡說：「數十年來，我筆下的母親，其實是對我有天高地厚之愛的伯母。我一歲喪父，四歲喪母，生母於奄奄一息中把哥哥和我這兩個苦命的孤兒托付給伯母，是伯母含辛茹苦撫育我們兄妹長大的。後來哥哥被伯父帶到北京，哥哥竟不幸於十三歲時因腎病不治，兄妹一別，竟成永訣。我一直在伯母的愛撫下長大，而奇怪的是，我竟一直喊她大媽。」「我現在知道了，你是比我媽媽還要大的媽媽，我就喊您大媽媽吧。」

「這個『大』在我心中是偉大的意思，只是我當時還不會說。」

❹ 溫州山水秀美，名勝眾多，歷史悠久，文化源遠流長。溫州市區有樹木蒼翠的積穀山、松木林立的松臺山、面臨甌江的郭公山、遠眺市區的華蓋山、紀念曾任永嘉郡守王羲之的墨池坊、紀念曾任永嘉郡守謝靈運的池上樓、詩島之稱的江心嶼等。這些名勝古跡與人文景觀，有著豐富的文化內涵。父親常常帶小琦君到這些地方遊玩，並講有關這些地方的人文歷史故事給她聽。琦君從小受到父親的薰陶，自然熱愛自己故鄉的一草一木，一山一水。

❺ 夏承燾（西元一九〇〇～一九八六年），字瞿禪，號仲炎，晚號瞿髯。溫州市鹿城區人。一生專研中國詞學，稱為一代詞宗。他少年讀過私塾，考入浙江省第十師範學校。在校期間勤奮好學，幾乎讀遍學校圖書館的古典文學書籍，時與校友吟詠詩詞，切磋詞學。一九一八年畢業後，由於家境清貧，不能上大學深造。在溫州瞿溪、任橋、梧田等地小學任教。夏承燾與琦君的父親潘鑒宗有著深厚的情誼，他在瞿溪執教時，常到潘家作客。潘慕其才，對他十分敬重。並對童年的琦君說：「這位年輕人將來一定是大學問家。」少年的琦君受到父親的薰陶與關愛，對夏承燾有著無限敬仰之情。後來，琦君到杭州之江大學讀書時，拜夏承燾為師。夏承燾在他的〈希真生日囑為詩〉裡寫道：「我年十九客瞿溪，正是希真學語時。浮世幾回華屋感，好山滿眼謝家詩。」從中可見，夏承燾對少年的琦君成長有著極為重要的潛在效應。這為琦君在創作散文與小說時所表現的詞學境界有著內在的聯繫，

以至夏承燾成為她終身難忘的恩師，也正如琦君所說「師恩似海無由報」。夏承燾成為琦君在之江大學裡的老師，對琦君在文學方面的創作寄以很大的期望，並鼓勵她從事於文學創作，朝著文學方面努力。之江大學另一位研究古文字的任心叔老師則希望她從事於研究文字學。兩位先生拉鋸式的爭議了好久，後來由於種種原因，琦君還是走上了文學創作的道路。一九七七年，琦君隨丈夫旅美生活，悔恨自己當時沒有學好英語，不能直接用英語寫作，是人生的一大遺憾。丈夫李唐基先生安慰她，如果當時學好了英語，也許不可能從事文學創作了。

❻

親人簡歷：

二姨媽：王雪茵，北京滿族人。生於光緒丙申（一八九六年）八月十二日，卒於（臺灣）壬辰（一九五二年）。

三姨媽：王珍（增）芝，溫州甌海雲溪江前人。生於民國辛亥（一九一一年）七月初五日，卒於壬午（二〇〇二年）五月初五日。

四姨媽：賈月華，溫州甌海郭溪曹坪人。生於民國丁巳（一九一七年）。現健在杭州。

六叔：潘雪庵，溫州甌海人。生於光緒戊申（一九〇八年）四月初二日，卒於辛亥（一九七一年）正月初二日。

哥哥：潘長春，溫州甌海人。生於民國甲寅（一九一四年）五月二十三日，卒於（北京）

民國丁卯（一九二七年）二月二十三日。

弟弟：潘小挺，溫州甌海人（潘鑒宗二房侄子，其父潘國治），生於民國丁卯（一九二七年）六月六日，卒於民國庚辰（一九四〇年）七月十五日。

妹妹：潘樹珍，溫州甌海人，生於民國癸酉（一九三三年）。現在臺灣。

❼ 民俗文化對一位作家具有重要的潛在文化意識作用。琦君少年時代受到溫州民俗文化的強烈影響。二〇〇一年，琦君以八十五歲的高齡回故鄉，還是以驚人的記憶，朗朗上口地背起童蒙時代的溫州方言歌謠：「阿姐埠頭洗腳紗，腳紗飄開水花花，划船的阿哥代我划過來，黃昏到我表妹屋裡吃香茶。我曉毋得表妹住那裡？朱紅的門臺矮牆底，上有琉璃瓦，下有碧紗窗，道坦角裡有枝牡丹花。粗糠難配高粱米，粗布難配細綢綾。划船的表兄勿能講，十個指頭伸出來有長短，山林樹木有高低。」她還唱著：「十八歲姑娘學抽煙，銀打的煙盒兒金鑲邊。不好的煙絲她不要抽，抽的桔梗蘭花煙。姑娘河邊洗絲帕，絲帕漂水水生花。……」

❽ 劉景晨（一八八一～一九六〇年），初名鰲，字貞晦。生於永嘉縣城（溫州市區）朔門頭。他能詩、能畫，善文辭、工篆刻，多才多藝。他剛直不阿，不附權貴，詩人黃或蘇讚譽他：「老來傲骨猶如昔，不畫群花獨畫梅。」一九二三年，北洋直系軍閥曹錕以五千至一萬銀元的高價賄買國會議員，鬧出賄選總統鬧劇。劉景晨身為國會議員，不為金錢所動，斷然

拒絕出席選舉。抗日戰爭爆發後，他從上海返回溫州故居，從此生活在溫州，潔身自守，與古籍書畫為伍，過著恬淡的隱居生活。他平時酷愛畫梅，有詩云：「絕愛畫梅人莫笑，百花唯此耐清寒。」劉景晨與潘鑒宗為摯友，他們之間有著共同的志向與愛好，交往甚為密切。劉景晨愛好書畫，常跟潘鑒宗談論學問，在潘家吟詩作畫，對琦君的幼年有著十分深刻的影響。琦君在許多文章中，對這位尊敬的劉伯伯進行了形像生動的描述。

⑨

楊雨農（一八八〇～一九五一年），名振炘，字行。生於永嘉縣城（今溫州市區）花柳塘。他是溫州著名的商紳和慈善家。先後擔任過浙江省議員、永嘉商會會長，普華電燈公司、東甌電話公司、光明火柴公司、甌海實業銀行、溫州商業銀行等公司經理及董事長。生平熱心社會公益事業，出資出力，共襄其成。如修繕溫州江心寺與文信國公祠、籌辦普安施藥局、甌海醫院、救濟院等。楊雨農是一位有品格的社會知名人士，抗日時期，溫州三次淪陷，他都避寇鄉下，不為敵偽所利用，並被選為抗敵後援會執行委員，還擔任中國紅十字會溫州分會會長。楊雨農家居溫州花柳塘，築有占地千餘平方的花園式洋房，庭院曲折，亭臺樓閣錯落有致，樹木蔥鬱，花木扶疏，頗有江南園林特色之美。小琦君常到楊家作客，優美清雅的庭院環境，給她留下了深刻的印象。劉景晨與楊雨農是潘鑒宗的摯友。一九三八年，潘鑒宗因病去世後，劉景晨與楊雨農一直關心著琦君的成長，幫助她繼續到大學深造。琦君在許多文章裡都寫到這兩位她深所敬仰的老前輩，對她的關心與培養成長。

第二章　琦君的文學理念

在海灘上，一位父親與兒子，發現了一顆晶瑩透明的琥珀。奇妙的是，琥珀裡面有一隻正在攢動翅膀的蒼蠅。這一顆琥珀引起了人們的聯想，幾十萬年前，炎熱的夏天，一大片一大片的松樹林，松樹被炎熱的太陽曬得流出了松脂油，一滴一滴的松樹油在不斷地往下滴。一滴正好滴在一隻飛過的蒼蠅身上。小蒼蠅被這滴松脂油粘住了翅膀，松脂油不斷地下滴，慢慢地將小蒼蠅凝成了一個松脂球。經過幾十萬年的進化，海洋與陸地發生了變化。這樣就形成了晶瑩美麗的蒼蠅琥珀。這一個琥珀的形成，需要特定的自然環境，有著偶然性與必然性的聯繫。也可以說，這是一種天地宇宙與生物的巧妙組合。

琦君的文學作品，也就是這麼一種人與社會巧妙構成的生命歷程的智慧琥珀。這一顆晶瑩透明的心靈，閃爍著多彩的文學智光的文學琥珀，是琦君生命與智慧的結晶。這裡面寄寓著豐富的人文精神理念。我們讀琦君的作品，就有這麼一種理念的美感。

因此，為了更好的理解琦君的文學理念，首先從琦君的文學藝術所表現的主題和文學藝術取得的成就出發，以及她的文學成就對整個社會的影響，進行一番簡要的總論。

縱觀琦君的散文、小說、詞文創作所表現的文化內涵，主要是體現在鄉愁、愛情與人性諸方面內容。由於琦君一生漂泊，處於戰亂和家事不斷變故的生活環境，使琦君對社會與生活有著深切的體驗和深刻的理解。這種人生的苦難體驗，使她為了讓自己內心的痛苦有所寄託，在文學創作中，消解自己思鄉戀情的憂傷。琦君所表述的戀鄉、親情、愛情與人性，往往都是寄寓在鄉愁的廣漠文化心理背景下展開的。因為琦君說自己生命的「根」，就是對家鄉、童年、親人的無限依戀緬懷。琦君這種由深沉文化情感和社會環境孕育起來的深厚文化底蘊情懷，成為推動琦君文學創作的強大精神動力，也正是這種動力激發和激勵著她為之創作、為之生活。琦君以自身的中國古典文學功底與文學判斷力、想像力，以及對生活的直覺、理智的激情，協同著生活信息、良知、責任感來表述自己人生的理想與憧憬。把握和理解領會生命體驗的情感靈性，創作出許多難以言傳，只能意會的文學語言形式之外的文化精神。作為一位偉大的作家，難能可貴的是，以自己內在的精神動力和靈魂的爆發力，用美來表現人類的苦難精神。從這個前提出發，從琦君文學創作的廣闊文化大背景下，再來認識她的文學創作所表現的人文理念，正是體現了：協和人生，優化人性，美化心靈，關愛生態，和諧社會，崇尚互助，傳播美德。

琦君出身於一九一七年，正是中國現代史上一個激蕩動亂的非常時期。孫中山的辛亥革命掀起了巨大的運動風暴，沖破千年封建帝制的革命浪潮，給整個中國帶來了嶄新的精神面貌。不久，在中國又掀起了反帝反封建與倡導民主與科學的「五四」運動，給整個中國社會又帶來了翻天覆地的文化革命。「五四」新文化運動，給人們帶來了許多新思維新觀念，對文學的創新帶來了巨大的影響。特別是胡適之、陳獨秀、魯迅、周作人等人提出沖破文言文的文學創作，提倡白話文的寫作，給文學界帶來了一場嶄新的革命。琦君的文學創作也正是在紮實的傳統文言文的土地上，綻放出新文化的花朵，是一位公認以中國古典文學為基點，過渡到以現代白話文寫作最成功的典範。隨後，一九二四年，第一次國共合作，一九二五年，孫中山在北京病逝。北伐戰爭勝利後，國共分裂，國內又處於一片動亂之中。緊接著盧溝橋發生事變後，中國人民抗日戰爭打響，全國人民轟轟烈烈地投入到抗日戰爭運動中去。在這種戰爭、動亂的歷史背景下，琦君的父親潘鑒宗從北伐戰爭之後，就以養病為理由，回到故鄉溫州瞿溪，過著隱居的生活。這一切給少年琦君的心靈，深深地打下了烙印：自己個人的命運與家庭的命運跟這個多災多難的國家的命運，是多麼緊緊地聯繫在一起的！

琦君是中國「五四」新文化運動之後，以白話文寫作最成功的女作家之一。她處於強烈西風浸潤的文化環境中，依然堅持以中國文化精神寫中國文學的作家。特別是她無論在寫散文或者小說，總是以中國古典詞學的境界來表述文學藝術形式與內容。她的散文有著強烈的中國古典詞學惆悵與無奈的情懷，表達鄉愁的文化情感；她的小說創作也是以詞境的自然宇宙物象與心境來表達主人公的情感和故事的情節。以〈梅花的蹤跡〉為例，照她自己的話來說，是受到外國電影「珍妮的畫像」的影響。其實，小說所描述的姑娘對梅花的癡愛，裡面深蘊著中國古典詞學境界和梅花品格的文化意味。小姑娘無影無蹤地消失，在主人公的心靈中，仍然有著一種深刻追憶熱戀的情懷，自然使人想起古人「花非花，霧非霧」的情境。

從這個角度來認識琦君文學創作的散文、小說、詩詞，只要對中國古典詞文有著深刻的理解，讀她的作品所表現人物的情感與心靈世界，自然環境的喻意，就會深深地感受到一種詞的韻味。這正如琦君自己所說的，現代人陶醉於西方的意識流創作，其實，在我們中國古典詩詞裡早已有過表現。這不僅是琦君文學創作的體現，而且是她從自己深有體會的感悟中，對中國古典文學的深刻理解。這跟琦君本人從小受到中國古典詩詞的薰陶，特別是受到她終生崇拜的恩師夏承燾的教育影響。

琦君以詞境作為文學藝術形式來表現豐富的文化內涵之外，還把詞境的語言，融入白話文之中，使其語言既具有清醇淡雅、流暢自然的特色，又具有濃厚的詞文語言的韻味，這是琦君文學語言藝術的成就。說句實在話，沒有深入理解與感悟中國詞學所蘊含的藝術內涵和思想境界，沒有從整體上讀過琦君的文學作品，是難以感知到琦君文學作品中，所具有詞學的文化內涵與藝術意味。

縱觀琦君的文學作品，像曹雪芹的《紅樓夢》一樣，能夠使不同文化層次的讀者，從中得到不同的理解和感悟。這是她的文學藝術獲以不朽生命力的重要標誌。琦君的文學作品在臺灣一版再版，創造了臺灣出版界之最，而且從中表現了琦君文學作品具有的藝術生命力。她受到臺灣廣大讀者的喜愛，填補了臺灣幾代讀者的心靈空間。特別是二十世紀三、四〇年代，臺灣受到日本文化的影響，五〇年代之後，由大陸遷臺的大批知名作家為臺灣帶來了新文化，並為當時的臺灣開闢了文化繁榮的局面，給整個臺灣民眾增添了豐富中國傳統文化精神內涵的文學作品。這樣大大地激發了民眾的愛國熱情，同時撫慰那些來自大陸的他鄉遊子的鄉愁。從這個角度來說，這一代作家留住中華民族文化之「根」，並將之深化和紮根在臺灣廣大民眾的心靈中，有著功德無量的貢獻。琦君在臺灣享有極高的文學地位，在廣大的讀者中有著深刻的影響。她那種鄉愁的文化理念裡，深刻地寄寓著愛國戀鄉思親的情懷，是一顆不朽的靈魂。在臺灣很少有作家像琦君那樣，在讀者中產生如此具有廣度和深度的影響。

琦君文學創作精神的另一個可貴之處，在於沒有把文學創作作為內在的悲憤和痛苦的發洩，而且將充滿著黑暗和悲涼的命運作為社會背景，以真蘊美，隱去醜的陰影，傳播美和善的文化精神內涵。從不幸的災難人生、災難社會裡寫出了美的感悟，弘揚了真善美的精神。

根據上述的總論，我們將進一步對琦君文學的散文所蘊含豐富的文化意味，小說所具有的社會文化功能，以及詞文所表現豐富的文化情感，進行一番深入細緻地闡述。

壹　散文的文化意味

一路赭黃色山泥的山間小徑，蜿蜒在一片片悠悠的翠竹叢中，曲曲折折地伸向潘氏祠堂前面。古廟、山色、翠竹、七寄樹倒映在潺潺的清溪中，崎雲山峰巒的夕陽晚霞，輝映著整個山莊，碇步邊的溪流，發出呢呢的細語。這是琦君的故鄉溫州澤雅廟後的自然山色風光。這一方山水，居然到了二十世紀八〇年代，才發現裡面還有世外桃源的通幽澗的懸崖陡壁、七澗瀑的清流長瀉。這一脈遠古的清流，也隨著鄉賢作家琦君的散文，緩緩地流進了我的心田。

少年的琦君生活在溫州瞿溪，瞿溪是她的出生地，但不知她有沒有去過祖輩故居澤雅。這一片清純潔美的山水，還沒有從她清泉的文思裡流淌出來。她正在等待著琦君的文化氤氳靈氣，彌漫在這一片清音山水的風光之中……

隨著對琦君的敬仰和無限的期盼，一九九六年的夏天，我陪著到瞿溪讀書的兒子，在沒有踏進校門之前，我們首先叩響的是琦君故宅的風鈴，去悟思文化的靈感，滋潤植被文心的綠洲。故宅那一方幽幽的古亭，散發著玉蘭清香的殘留故園，風雨欲墜的故樓，使我們靜默的心情，閱讀著琦君散文裡面點點夢痕的文化遺跡。澤雅廟後的奇麗山水風光和瞿溪潘家園林建築的詞境，使我們為之心潮起伏，思緒難平……

在此，我想起了琦君的恩師詞學宗師夏承燾，他在北京去世之前，十分惦記思念海外的琦君，託香港友人贈琦君一闋〈減字木蘭花〉：

因風寄語，舌底翻瀾偏羨汝。往事如煙，湖水湖船四十年。吟筇南北，頭白京門來卜宅。池草飛霞，夢路應同繞永嘉。（〈三十年點滴念師恩〉）

夏老的詞不僅僅抒發了師生之間的思念之情，而且也表達了他對故鄉永嘉的無限懷念。從夏老的詞境來理解琦君的散文，也正是表現了琦君對故鄉永嘉魂牽夢繞的無限思戀。琦君的散文，正是對故鄉溫州寄託著無限鄉愁的情懷，表現了散文的詞學境界，清真的性靈，人生戀情的感懷，以物寄情的寓意，人生離別的惆悵，鄉愁文化的情懷。讓我們共同走進琦君筆下故鄉的山水田園、民情風俗，親人情戀的散文藝術詞境的風景線，體悟具有豐富人文精神內涵的文化意味。

一、詞學的境界

琦君的散文與眾不同的是，有這麼一個特點，能夠使七歲的孩童到七旬的老人，都能夠讀懂，而且都有能夠從中感受到多層次的豐富情感。這正是源於琦君以純樸的人性、人情、人道之美，作為寫作的根本出發點，從自己整個生命和生活證實人性的美，感發人的情感豐富性和美感性，具有原始的、純情唯美的詞學藝術特徵。這一種從人生實際文化情感出發的散文，能夠使讀者從中感受到作家所表述的情感，彷彿正是啟示著自己心靈的行旅，從行旅中感受到有著自己共同語言的心靈表白的共鳴效應。

琦君的散文之所以具有如此奇妙的文學藝術成就與審美的感受，應在於她的散文有她自己的一種表現手法，讀她的散文，使我們感到彷彿在讀古典詞文一樣的優美。從中國傳統古典文學詞境的視野來理解琦君散文創作藝術，探索琦君散文所蘊意豐厚的文化意味，從更為廣闊的人文背景來審察琦君散文所表現的現代人文精神，這是一種值得探索的文學藝術表現手法。

大家知道琦君是中國當代詞學大師夏承燾的得意門生。她從小就拜夏承燾為師，隨夏承燾浸潤中國古典詞學三十餘載，深受夏承燾的影響，對中國詞學有著極高的造詣，並有詞學專著《詞人之舟》問世。因此，中國詞學的境界深深地影響著琦君的散文創作，當屬十分自然之事。讀琦君的散文，使人常常從字裡行間感應到其中流露出相同於古代詞人對人性、人情、人道的豐富情感所表現出無奈、惆悵、痛苦的愁緒情懷。琦君筆下的母愛、父愛、師恩、親情以及鄉愁與對生活風情物候的追憶，所表現出人性、人情、人道的豐富情感，時刻激蕩著讀者的心靈，也正是一種詞境在讀者的審美心靈上產生感應。

海內外學界名流，對琦君的散文藝術評價甚高。海外著名學者夏志清是這樣評價：

> 琦君的散文和李後主、李清照的詞屬於同一傳統，但她的成就、她的境界都比二李高。我真為中國當代文學感到驕傲。我想，琦君有好多篇散文，是應該傳世的。
>
> （〈夏志清談琦君〉，隱地編《琦君的世界》）

依據夏志清的評論，琦君的散文之所以具有深厚的文學造詣與不朽的文學魅力，與她坎坷的人生及深受中國詞學意境的薰陶是分不開的。

琦君幼年生身父母早逝，由伯父潘鑒宗和伯母葉夢蘭收養。後來，在北京讀書的哥哥和小弟弟都相繼病亡，續之父母親也相繼病逝。一九三八年，她離鄉求學，奔走於抗戰烽火之間。一九四九年匆匆離開大陸到了臺灣，一九七七年隨丈夫李唐基旅居美國紐約。她離開故鄉之後，一直漂泊在他鄉，「獨在異鄉為異客」。人生的坎坷歷程給琦君的心靈投下了許多親情離別、流連失所的痛苦。這樣，構成了這位具有愁緒善感的作家，彷彿有著李後主的「問君能有幾多愁，恰似一江春水向東流。」（〈浣溪沙〉）「別時容易見時難，流水落花春去也，天上人間。」（〈浪淘沙〉）與李清照的「只恐雙溪舴艋舟，載不動、許多愁。」（〈武陵春〉）「梧桐更兼細雨，到黃昏，點點滴滴。這次第，怎一個、愁字了得。」（〈聲聲慢〉）那麼一種無奈、淒涼、惆悵的無限愁緒的情懷。同時，讀琦君的散文，結合琦君的人生來感悟，常常使人感受到「滿目山河空念遠，落花風雨更傷春」（晏殊〈浣溪沙〉）、「似曾相似燕歸來，小園芳徑獨徘徊」（晏殊〈浣溪沙〉）、「自在飛花輕似夢，無邊絲雨細如愁」（秦觀〈浣溪沙〉）的詞境美感。

近代詞學大家王國維在《人間詞話》裡，談到詞的「境界」說：「詞以境界為最上。有境界則自成高格，自有名句。」在王氏並未對「境界」一辭作具體定義，後人卻注家蠭起。有人認為「只要吾人內在之意確有所感受，便亦可得稱為境界」。但王氏「境界」之說，既有「意境」內容之外，還強調詞人對客觀世界的真切感受。他說：「故能寫真景物、真感情者謂之有境界，否則謂之無境界也。」琦君正是以「寫真景物」，來表述其「真感情」。到達這種境界的文藝作品，「其言情也必沁人心脾，其寫景也必豁人耳目」。正如清人沈德潛《清詩別裁集》論謝方山詩云：「淡然無意，自足品流，此境最是難到。」琦君的散文，正是有這種強烈的文學藝術感染力，使人感悟到「有我之境，以我觀物，故物皆著我之色彩；無我之境，以物觀物，故不知何者為我，何者為物」的高度詞境美學。琦君在自己沉靜幽邃的內心世界，捕捉著意識深處纖微幽渺的情感，寫出了人性涵蓋面中所包含的惆悵的情緒。惆悵的情緒是一種豐富的文化情感，也是很難從某種語言所能表達的內在多維性的意味。這也是詞境所表現人類精神生活的基本內涵之一。

琦君的童年生活在溫州瞿溪潘家莊園，潘家莊園處於青山秀水之間，建有亭臺樓閣、池塘花園，具有中西相融的園林建築風格。潘家莊園的建築構成了古典詞境的園林風格。

讀琦君散文之後，一閉眼，就使人感受到潘家莊園那種寧靜、閒適、清幽的園林氣氛，在我們的眼前浮現出溫州甌越風情特質的景象。琦君的故鄉瞿溪，『十八灣』是這條河上的最美的地方，每一個水灣的前面都好像被矮矮的青山擁抱住了……在迷濛的春霧裡，彷彿把船兒搖到了天上。」「從河埠頭到家門口，中間是迂迴的田疇阡陌，嗅著菜花香，閒步在亭亭的麥浪裡，滿眼是一片青黃相間的天然絨毯。」「屋子左面是一片茂密的桃樹林……調冰雪藕的盛夏，母親取下紙袋，鮮紅清香的水蜜桃照眼欲醉。」「菓園是母親的寶藏……寒梅在雪裡報來了春訊，素心蘭在暖閣裡也吐出了新蕊，垂楊自含翠而飛棉，紫薇飄香，牡丹、山茶更點綴了滿院春光。我與哥哥卻獨愛冰晶玉潔的白蘭花。初夏的清晨，哥哥爬上高過粉牆的玉蘭樹，籃子掛在樹梢頭，採下的花兒分贈給全村的『十三女兒』，襲人的香氣裡帶來了一分友情的溫馨。」（〈鄉思〉）。我想，琦君散文的詞境除了夏承燾的詞學與她自己的詞學知識有著聯繫之外，還有與她生活的這種家庭園林人文景觀的薰陶，也許有著某種內在的聯繫。

記得當年學者鄧雲鄉先生有語云詞學大家葉嘉瑩家住北京四合院，受其居住建築風格有似詞境的薰陶影響，使她後來成為專研詞學大家。葉嘉瑩先生也曾有文證明鄧老所言不虛❶。我們讀琦君散文筆下的家園風光、草木樓臺，步入琦君的瞿溪故居，亦有此同感。園林建築家居所蘊在的詞境，也正是感應著琦君散文所表現人文精神價值的內涵。我們不可忽視一個作家童年生活裡面的審美情感的微觀心靈世界，對其文學創作有著潛在的效應。

江南的和風細雨，小橋流水，山隨平野闊的自然地理環境，也是詞境的自然風光熔鑄了琦君的文化風格性情，家鄉的麥田綠疇、溪流碧水，凝聚了琦君生命最初的感情印象氛圍。經過人生命運的體驗與生命時空的醞釀，在琦君心靈裡營造了回憶中美妙的詩意風光。特別是江浙的讀者，讀琦君的文學作品都能感受到感情細膩、清淡雅美的文化意味。琦君的散文所表述的生活風土人情、民風習俗，是溫州瞿溪一帶的文化特色。瞿溪是古甌越文化之地，三面環山，清溪綠蔭，土地肥沃，翠竹流韻的平原水鄉。琦君筆下的瞿溪風情，正是表現了溫州文化的特色。琦君在描述這些生活的散文創作中，十分重視詞境在散文藝術中的運用。琦君曾經說過：「中國舊詩詞的許多優點，在精神上、技巧上、都可化入新散文中的。」「舊詩詞的意境極美，文學凝練，再現手法多方，這些優點散文都可以吸收。」（鄭明娳〈一花一木耐溫存〉，隱地編《琦君世界》）琦君的散文文字清雅素麗，似行雲流水，淡雅中飄忽著靈氣，給人以意味深沉的感受，正是中國文人所追求清淡寓遠的藝術境界。在中國古典詩詞中，我們也時常讀到表現鄉愁無奈的惆悵情感，琦君的散文在讀者的心靈與情感上獲得了共鳴的效應，另一個原因是因為鄉愁是人類的共同情感，也是具有世界性的文化價值。琦君的文學藝術博得了海內外讀者的喜愛，獲取永恆的存在價值意義，道理也就在於此。

因此，琦君的散文是以中國古典詞學境界，表達東方人性、人情、人道的豐富倫理情感，蘊意著深厚的甌越文化內涵，體現了中國清雅疏淡、意味深醇的人文藝術精神，具有超越時空的恆在藝術魅力。

二、清真的性靈

琦君的散文語言天然自成，沒有人為的造作。為了使語言平淡之中透露出深深的真情性靈，有時為了表達文字的蘊意，她不是挖掘深奧的詞句讓讀者費解，而是反覆思索推敲，選擇最平易的詞字，來表達最深刻的含義。在不久前，我讀了楊絳先生的《我們仨》，感到楊絳老人人生心境澄明之後，淡泊清麗的文字，從中更加體會到琦君文字清麗優雅的美感。琦君的散文詞采之純、性情之真、性靈之秀，有著獨具特色的文字魅力，是一種由古典詩詞和古典散文滋潤出來的清雅文字的異彩。清真性靈是琦君的散文另一大特徵。清者為清淡的語言，真者為真誠的生活感受，性者為淡泊的性情，靈者為空靈的意境。

琦君的散文跟現代作家相比，就是她以清淡的文字透露出語言的清麗，在清麗的語言中，顯示出一種清高的境界。琦君的恩師夏承燾一再教導琦君，寫作要注意語言要「清」，感情要「真」，含義要「深」。琦君深記恩師的教誨，在寫作過程中，也是堅持這一基本的寫作原則的。

琦君一生沒有擔任過什麼官職，在政治上沒有風雲跌宕，雖然出身於貴族名門，但是她淡泊人生功名利祿，沉潛在底層的平民生活之中，默察人生與社會的風塵變幻。她在人生的理念上，既體現出儒家人際協調的社會道德觀念，又涵養著道家的清靜無為的精神。這樣使琦君在文學創作中，無論是散文的語言或者是意境上，都體現出一種平和清淡的美感。但在這平和清淡的美感中，卻富有深深的人文含義。比如她在〈下雨天，真好〉一文中寫道：「我望著母親的臉，她的額角方方正正，眉毛是細細長長的，眼睛也瞇成一條線。教我認字的老師說菩薩慈眉善目，母親的長相大概也跟菩薩一個樣子吧。」「母親端張茶几放在廊前，點上香念《太陽經》，保佑天快快放晴。《太陽經》我背得滾瓜爛熟，我也跟著念，可是從院子的矮牆頭望出去，一片迷濛。一陣風，一陣雨，天和地連成一片，看不清楚，看樣子且不會晴呢，我愈高興，母親卻愈加發愁了。」從這些平淡的語言中，使讀者讀出了少年的琦君對雨充滿著好奇與母親對雨與農民收成的牽掛有著兩種不同的心裡感受，更使人從中感知到母親慈悲善良的行為意識。五月的下雨天，「父親卻端著宜興茶壺，坐在廊下賞雨。院子裡各種花木，經雨一淋，新綠的枝子，頑皮的張開翅膀，托著嬌豔的花朵冒著微雨。」「記得我曾打著手電筒，穿過黑黑的長廊，給父親溫藥。他提高聲音吟詩，使我一路聽著他的詩聲音，不會感到冷清。可是他的病一天天沉重了，在淅瀝的風雨中，他吟詩的聲音愈來愈低，我終於聽不見了，永遠不見了。」從這些極為清淡的語言中，以父親的吟詩之聲與天籟的雨聲相互交融在一起，表現出一種極美的意境，從中流露出父親對雨的一種文化情感的審美意態，以及深度地表達了琦君對父親的無比思念之情，句句皆是催人下淚的真誠感情。

琦君那清淡的語言，蘊含著深刻的思想哲理；那深入淺出的表述，使兒童到老年人都能感受到其間的不同美感。這是一種「真水無香」之境。她的散文沒有華麗的詞語，卻能夠贏得廣大的讀者的喜愛，另一個原因在於她筆下的人或事，抒情或擬物，都是來自於生活的真誠，感情的純真，性情的率真。文學的情感是靠本真的生命體悟來達到表述的題旨。琦君的散文，有的雖是生活中的小事，但有一份真誠的感情卻能深深的打動著讀者的心靈。她在〈西湖憶舊〉一文中寫道：「把小小船兒搖進荷葉叢中，頭頂上綠雲微動，清香的湖風輕柔地吹拂著面頰。耳中聽遠處笙歌，抬眼望天空的淡月疏星。此時，你真不知道自己是在天上還是人間。如果是無月無燈的夜晚，十里寬的湖面，鬱沉沉的，便有一片煙水蒼茫之感。」這是對十里西湖荷花之美的稱讚，還是蘊含一片深深的思鄉之戀呢？這兩種真誠的情感交融在一起，是一種以極為簡約的語言表述了極為豐富的情感。使讀者也為之深深感動。「我們默默地望著湖上的雪景、雪裡的梅花，吟起古人『有梅無雪不精神，有雪無詩俗了人；日暮詩成天又雪，與梅添作十分春』的詩句，才懂得林處士為何願意終老是鄉了。」在臺灣想到西湖孤山雪裡梅花之美，想到林和靖的清高人格魅力，淡淡的文字裡面蘊藏著一種鄉愁之戀，而這戀鄉的心是多麼的沉重啊！〈一襲青衫〉裡所寫的梁老師，「想起他第一天來上課的神情，他的那件飄飄蕩蕩又肥又短的褪色淡青湖縐綢衫，捲得太高的袖口，一年四季的藍布長衫，那雙前頭翹起像龍船的黑布鞋，坐在四腳打蠟的桌子上差點摔倒的滑稽相，一張笑咧開的嘴露出的閃閃金牙。這一切，如今都只令我們傷心，我們再也笑不出來了。」這幾筆簡練的素描就勾勒出梁老師生動的形象，而且還形成了全文的前後照應，以及他對學生關愛與傳統孝道精神的人格魅力，全部豁然突出，令人難以忘卻。〈碎了的水晶盤〉寫一個善良慈祥的異國女子三叔婆，忍受種種莫名的欺凌，最後只得拋子離夫回去故鄉的不幸遭遇，更是十分動人。她在此文中寫道：「我用家鄉話喊她一聲叔婆，她聽了好高興。端莊地在椅子上坐下來，把盤子放在茶几上，從口袋裡取出一把小小摺刀，打開來仔細地削梨。母親告訴我她已經是削第五個梨了，每天削了切成一片片裝在盤子裡，等三叔公來吃。三叔公就是沒來，她邊流淚邊把梨分給大家吃了，第二天再削。一天天的等，一天天的落空。」幾句極為平淡的語言生動地寫出了這一位慈善的女性，耐心等待丈夫回歸情愛的心是多麼感人的情懷。〈一對金手鐲〉裡的少年朋友阿月，「十多天後，我才見到渴望中的阿月。她背上背一個孩子，懷中抱一個孩子，一襲花布衫褲，像泥鰍似的辮子已經翹翹的盤在後腦。原來十八歲的女孩已經是兩個孩子的母親了。」簡單的幾句語言寫出了阿月的形象，以及她對少年的阿月人生的遭遇與窮人的孩子早當家的同情理解，也是十分感人的。

琦君曾說過：「寫作貴在『誠』字，有真心才會有真情，絕不可為文造情。」情是她散文創作的最大原則。在琦君筆下真誠的生活中，往往表現出一種藝術的性靈。文字的性靈，體現出由語言的本真情感產生一種空靈的意境，蘊藏著一種豐富的語境內涵。比如，琦君在〈聖誕夜〉一文裡寫道：「仰望天國之門正在開啟了，韋先生慈愛的容顏泛上了恬靜的笑，她微睜雙目，向我們連連頷首，她是暫時與我們告別了。雪花無聲地飄落在大地上，寒梅在風中頻頻搖曳。玻璃窗上的冰珠漸漸地溶解，一顆顆滾落下來，這不是春回大地的氣象嗎！」「我抬眼望向窗外，我又恍似望見那一枝寒梅，臨風搖曳。」韋先生對學生的善意關愛，學生對韋先生的一往情深，表現出人間永遠的真情誠意。在琦君的心靈裡，韋先生是一棵高潔純美的雪裡梅花，永遠是指示著她為人為業的精神燈塔。琦君在〈友情的花朵〉裡寫道：「天陰欲雨，由叔叔陪我們去西湖湖濱公園兜了一圈。那魂牽夢繞了半個世紀的西湖，竟然是灰濛濛的一片，絲毫也沒有我記憶裡的清秀中帶著嫵媚，真個是舊家山水都是新愁，我只感到天地悠悠，物是人非的無限悲愴。默默然坐進回程車，匆匆離去，拂不去的是心頭那一份悵恨與失落感。」從這些樸素語言的抒情裡，積蓄著她一生的多少慨嘆和寄寓鄉愁的情感。在〈春雪‧梅花〉一文中寫道「美國是個沒有經過太多苦難的年輕國家，他們愛的是春來的姹紫嫣紅，和日人所贈的嬌豔而短暫的櫻花。所以在這裡，不知何處去尋找梅花，他們怎也不懂得中國人愛梅的心情。」梅花在中國文化中象徵著耐寒傲雪、堅貞向上的精神，成為生活在異國他鄉的琦君真誠的鄉思載體，裡面當然還包含著琦君深層次的思想蘊意。在〈啟蒙師〉一文中，寫道：「腳夫替他挑著行李，他步行著走向火車站，我一路牽著他的手，送他上火車。他的藍布大褂在風中飄呀飄的，閒雲野鶴似的，不知飄到那兒去了。」這些文字使人產生種種的聯想與想像，給讀者展示了一個廣闊的空間，產生了空靈意境的美感。像這類的語言，彷彿是荷葉上晨露成珠，滾動著水珠鮮活晶亮，閃耀著太陽的光際，散發出空靈之美，只容心靈去感受，而不能觸摸。琦君的散文是以清麗的文字來真切的把握和深刻的展示性情內在豐富性與廣博性，顯現了沖淡自然、曠達閒適的文章風格。

三、情感的惆悵

生離死別，是人生中一種無奈與不可迴避的情戀，這是古今中外文學所表現人性的一個重要內容。琦君筆下的種種人生親情精神痛苦與生死離別的感情，給人以強烈的人生情戀感受，使我們常常為她捕捉剎那間心靈的悸動，而無端湧來無限惆悵的情緒。情感的惆悵是琦君散文的另一種表現方式。照海外詞學家葉嘉瑩先生對「惆悵」理解的話來說：

「惆悵」者，是內心恍如有所失落又恍如有所追尋的一種迷惘的情意，不是相思離別之拘於某人某事，而卻是較之相思離別更為寂寞，更為無奈的一種情緒。

葉嘉瑩所作的「惆悵」解釋，在琦君的散文裡面，常常正是這麼一種難以言狀的情感狀態。下面我們就從情感的惆悵來理解琦君散文的審美意味。

琦君筆下表現得最多的是母親。琦君的母親是一位具有東方倫理美德的女性，也由於社會與文化的因素，使母親成為多情善感、深沉憂鬱的女性。這位深受中國舊文化薰陶與影響的女性，她不幸的命運和坎坷的人生，使她成為寬容與善良的女性。母親是琦君筆下最為柔情、愁緒無限的人物。琦君對母親的思念是令人感動的，母愛可說是琦君創作的一種情感原動力，在這種情感的原動力中，常常表現出一種惆悵無奈的情感。琦君在離開故鄉瞿溪，到杭州念中學時，十分思念生活在鄉下的母親，特別在「下雨天，我格外想她。因為在幼年時，只有雨天裡，我就有更多的時間纏著她，雨給我一份靠近母親的感覺」（〈下雨天，真好〉）。母愛的力量是無窮的。從琦君對母親的思戀，常常使讀者從中得到感應的心靈而激動不已。

琦君母親的善良與寬厚來自於對佛性的理解與敬仰。宗教成為母親支持生命本能和情感相一致的精神支柱，使她為了擺脫人生的苦難，得到心靈短暫安寧的慰藉。母親的善化、生命本質和存在現象，正是以佛學精神理解虛幻的人生。母親對佛的崇拜別出心裁，下雪天，母親「叫我把樹枝上、梅花梗上的雪，撮下來裝在一隻漂亮的玻璃缸裡，每天倒一杯雪水供佛」（〈春雪‧梅花〉）。母親還把剖竹引泉到廚房的淨水拿來供佛。她把「第一碗熱騰騰的飯在灶神前供一會，就端到飯桌上給我吃」。「逢年過節不得不殺雞豬，母親就跪在佛堂裡念《大悲咒》、《往生咒》」（〈母親〉）。母親的善良，能以物悟性，「喝過的茶葉，她都倒在桂花樹下，說是讓花葉都歸根」（〈桂花滷‧桂花茶〉）。

母親的品格來自於文化的薰陶。正如外公得意地說：「你媽小時候，我教過她朱柏

廬先生〈治家格言〉，她真的做到了。」（〈母親〉）

琦君以細膩、溫潤的筆調，從母親的髮髻，娓娓道出其中所蘊含著母親心理的奧秘。從母親「烏油油的柔髮卻像一匹緞子似的垂在肩頭，微風吹來，一綹綹的短髮不時拂著她白嫩的面頰」，到她給母親梳頭，「頭髮捏在手心，總覺得愈來愈少」，最後「連最簡單的螺絲髻兒都盤不成樣，只好把稀稀疏疏的幾根短髮剪去了」。琦君能體貼入微地理解母親內心痛苦的煎熬：「一把小小黃楊木梳，再也理不清母親心中的愁緒。因為在走廊的那一邊，不時飄來父親和姨娘琅琅的笑語聲。」這時，遠在上海求學的女兒，一番思念母親的愁緒油然而生：「深秋的夜風吹來，我有點冷，披上母親為我織的軟軟的毛衣，渾身又暖和起來。可是母親老了，我卻不能隨侍在她身邊，她剪去了稀疏的短髮，又何嘗剪去滿懷的悲緒呢！」琦君那細膩而富有詩意的筆法，對童年生活細節的回憶描述，精妙絕倫的觀察，令人驚嘆。在〈髻〉一文裡，琦君對母親的頭髮由「密」到「疏」的變化過渡的細節，令人感動之情，自在不言之中了。使讀者深切地感受到母親那一頭千絲萬縷的頭髮，分明是她人生艱難歷程的象徵。

細心品味這些深婉涵蘊、傷心感時的文字，構成細緻微妙，情感激動的心靈世界，使讀者自然會想到自己的母親以及對母愛的情感轉化為孝敬長輩的精神力量。這正如琦君所說：「幼年時，常常仰望天空，看母親落淚。當時並無意傷母親的心，如今身為人母，才知天空中的雨水，原來無有止時。」（〈母心似天空〉）同時，琦君筆下對家裡長工阿榮伯、阿標叔和橋頭阿公，父親的馬弁胡雲皋、陳勝德，父親的朋友胡伯伯都有著親切情感，平等尊重人性美。

琦君的散文所表現的人生情戀，把生命性情與靈性建立在人倫道德的理念上，蘊含著豐富的人性意念，進行最細緻最生動的描述。由此，使讀者感受到內心深處最真誠的感情，引導嚮往高遠美妙的境界。

人生離別的悲情，是激人動情之處，更是一種無奈的惆悵。特別是長逝無回的生命流程是恆在的真理，更是叫人傷心哀緒。據夏承燾日記載，琦君父親潘鑒宗病逝後，她哭得幾次暈厥過去。年僅十一歲的琦君就因「姨娘的突然來臨，哥哥的死，媽媽的淚眼……幼小的心靈裡已深深感染了人世的哀愁」（〈小玩意〉），「童稚的心，已漸漸感到孤獨與煩躁」。「每當受了嚴師的責罰，或有時感到連母親都不了解我時，我就獨個兒躲在房裡，門上了門，捧出金盒子，一面搬弄裡面的玩物，一面流淚，覺得滿心的憂傷委屈，只有它們才真能為我分擔呢！」從中可以發現琦君內心的奧秘，世上只有哥哥是她最親的親人。在哥哥故後的十三年，小弟弟又去世了。幾年後，父母雙親也相繼去世了。使她感到「這暗淡的人間，這茫茫的世路，就只丟下我踽踽獨行」。這種憂傷愁緒的悲感與日俱增，使她真切地感到「這些暗淡的事物，正告訴我他們離開我是一天比一天更遠了」（〈金盒子〉）。

在父親去世之後，遠在他鄉求學的琦君，想念著孤居鄉下的母親，使她「無論是月白風清，或雨暗燈昏的夜晚，我總是擁著被子，一遍又一遍的念著《孩兒經》。感念親情似海，不知何以為報。常常是眼淚濕透了半個枕頭。」（〈母親〉）

以人生坎坷道路與種種不幸遭遇，抒發對人生、社會的感觸，通過比興寄託，而達到「言近而旨遠」、「托興之深」。這是琦君對人生相思離別，春恨秋懷，藉以個人的情懷抒發，表達了對家國的忠愛之情。

在琦君筆下的恩師、前輩具有一種高尚情操的人格美。在她眼中，恩師夏承燾是一位佛心佛性的讀書人。他講究做人要「時時體貼人情，觀察物態，修養性格。對人要有佛家憐憫心腸，不得著一分憎恨。」（〈三十年點滴念師恩〉）。一位「為了節省金錢給父母做墳，一直沒有娶親，一直是孑然一身」的梁老師，「臨終時還念念不忘雙親墳墓的事。他沒有新衣服，臨終時只要求把那件褪色淡青湖縐綢長衫給他穿上，因為那是他父親的遺物」（〈一襲青衫〉）。舊時代知識分子的人倫美德精神，躍然紙上，使人思緒難伏。

琦君對啟蒙師葉巨雄的生活細節描述得體貼入微，令人感動。當她與啟蒙師離別時無限思戀，離別的那天，「我一路牽著他的手，送他上火車。他的藍布大褂在風中飄呀飄的，閒雲野鶴似的，不知飄到那兒去了」（〈啟蒙師〉）。她對恩師夏承燾的三十載教誨之恩，別後悠悠四十載春秋，有詩寄託無限情懷：「師恩似海無由報，哭奠天涯路渺茫。杖履追隨成一夢，封書難寄淚千行。」（〈三十年點滴念師恩〉）

四、比興的寓意

以物寄情，表達感情是古典文學表現手法之一。琦君的散文觀物之微，托興之深，思情之苦是一大特色，有強烈的比興情感激發閱讀審美心理的效應。她對生活中事物的感受非常敏銳，充滿著抑鬱哀傷的感情。每一種人事與物候的變幻，每一片天光與雲影變換，每一片花草與樹葉的衰盛，對她來說都有一種感情上產生強烈的感觸引力。

一次，夏承燾先生在琦君採集鮮花嫩葉圖案手冊上，寫道：「留予他年說夢痕，一花一木耐溫存。」她深悟其間蘊意，人生雖為短暫，以溫存寬厚的心境去體悟一花一木，自有無限的人生意趣。這正是琦君寄懷抒情的詞境精神。她曾有語：

面對著姹紫嫣紅的春日，或月涼似水的秋夜，我想念的是故鄉矮牆外碧綠的稻田，與庭院中雅淡的木樨花香。尤其是情懷落寞之時，那一縷鄉愁，誠然難以排遣。

每逢節日倍思親。浙南溫州一帶很講究節日的風情。每逢節日，舉家歡慶，走客串門。特別是端午節，更是孩子們快樂的節日。琦君小時候，喜歡吃故鄉特有的「灰湯粽」。正如她所說：「每年的端午節來臨時，我很少吃粽子，更無從吃到清香的灰湯粽。母親細嫩的手藝，和瑣瑣屑屑的事，都只能在不盡的懷念中追尋了。」（〈粽子裡的鄉愁〉）故鄉茶山的楊梅，聞名浙南。琦君「要從楊梅上市的第一天青的酸的，吃到下市的最後一天爛的苦的才罷休」，她從「紫色的楊梅汁滴落在練習簿上」的童年，到父親病重時，「母親正端了那一對水晶碟子的芝蘭與楊梅跨上樓梯」，「父親只以含淚的眼睛看著母親與我，嘴唇微微動了一下，未能啟口即溘然而逝了」。此時，不僅僅是琦君看著「楊梅仍閃著紫紅的光彩，此情此景愈加使我泣不可抑」（〈楊梅〉），而且連讀者也黯然淚下。

家鄉的「八寶酒」，使琦君在美國想起兒子喝她泡製的「八寶酒」。兒子挑剔地說：「你用的是美國貨的葡萄酒，不是你小時候家鄉自己釀的酒呀。」此話觸動了琦君，使她感受到：「一句話提醒了我，究竟不是道地家鄉味啊。可是叫我到那兒去找真正的家醅呢？」（〈春酒〉）

家鄉的風物人情，魂牽夢縈著海外遊子，成為她追憶往昔鄉戀的情感之根。琦君曾有感人肺腑的語言：

> 我們從大陸移植來此……生活上儘管早已能適應，而心情上又何能一日忘懷於故鄉的一事一物。水果蔬菜是家鄉的甜，雞魚鴨肉是家鄉的鮮。當然，風景是家鄉的美，月是故鄉明。

還有家鄉的點水燈、撣塵、送灶神、滾龍燈、趕戲社，是她快樂童年的節日活動；

湯圓、爛腳糖、香菇蒂、大菜、小蝦米、海蜇、螃蟹，是她所喜愛的食物，激起了她無盡的思念。她在臺灣，常常想起「家鄉後門外的稻花香；夏夜咯咯的蛙聲；園子裡鮮甜欲滴的水蜜桃和楊梅；更有冬天屋子裡熊熊的炭火上烤的新鮮山薯，和窗外壓雪的寒梅。」（〈一朵小梅花〉）

在琦君筆下的梅花、桂花、荷花、甌柑等等的風物以及春節、元宵節、端午節、中秋節等等節日，都是琦君筆下表現文化情感的載體，從中感知到她那豐富的情感與文化意味，激發著讀者的審美心靈。

琦君的作品，以比興的寄情，表達了思親戀鄉的豐富感情，給人以真切感受，形成讀者強烈情戀的共鳴效應。這是琦君散文的又一大特色。她筆下所表現的苦戀相思，鄉望等待，已遠遠超出個人離愁別恨的範圍，而表述了具有「大眾審美同向」的文化情感。從某種意義上理解，這是一種人類心理美感的共生感應。琦君文筆可貴之處，將人生激蕩的感情，借助比興的情感載體，轉化為樸實平淡的波紋，蕩漾著深刻和渾厚的圓暈。而這正是唯有中國古典詞文所能到達的詞學境界。

琦君的散文十分講究感性的比興形象。在比興形象的表述過程中，沒有個人的怨言與浮情的牢騷，而是在淡淡的愁緒煙波上，帶著劫難後淡然的微笑，以輕柔溫潤的情愫，伴著柔情的憂傷。這是一種深情專致、歷久彌新、有著貴族氣質的唯美主義，延續與保留了儒家人性、人倫、人道、人情精髓的傳脈，帶給現代人的追憶和悟思。從這種意義上理解琦君的作品潛藏著人性本質的感發力量，帶著倫理的人性，感受人道的性情，以靈根慧性創作了淡雅空靈的意象與清婉澹泊的散文藝術風格。

琦君的作品，雖然寫的是個人的情感世界，卻觸動了整個海外華人的共同思鄉愁懷。她有著博大的感發生命情感的力量，傳達感人的性情。琦君曾經有語：

> 淡淡的哀愁，像輕煙似的，縈繞著，也散開了。那不象徵虛無縹緲，更不象徵幻滅，卻給我一種踏踏實實的，永恆之美的感受。（〈留予他年說夢痕〉）

這就是琦君散文藝術的高度概括，也是她的散文風格，這種風格正是中國詞學的高妙意境。散文能寫到這種意境，就是達到極美的至境。這也是琦君散文一種真實恆在的美。

生命的追憶，是一種精神的寄託，像掛入樹梢的風箏，永遠是一種空宇風寒的情感。

這種招引戀舊心態的詩幡，往往成為人類注目的詩性風景。琦君散文所表述的人性、人情、人道的善化情感，是一縷縷永燃的檀香清煙，永遠地薰陶著、感化著讀者的心靈。特別作為琦君故鄉的溫州人，讀琦君的散文，往往感覺到裡面整合了溫州方言，讀者會心一笑，難得可貴的是，這種溫州方言的整合，達到雅達深醇的美感。讓我們來讀讀琦君筆下故鄉溫州的語言與風情：

我故鄉風俗淳厚，生活簡樸。只有在結婚典禮上，儀式的隆重，排場的講究，真是和過新年一般無二。……遇到嫁女兒，娶兒媳婦，那就有多少，花多少，一點也不心疼。……嫁女兒當晚的酒席，稱作「請辭嫁」。是做女兒的最後一頓在娘家吃飯。所以酒菜非常豐富，而且有一道菜必定是母親親手做的。……有支歌兒是這樣唱的：「媽媽呀，今夜和你共被單，明天和你隔重山。左條嶺，右條嶺，條條山嶺透天頂喲！媽媽呀，娘邊的女兒骨邊的肉，您怎麼捨得這塊肉啊！」（〈故鄉的婚禮〉）

我幼年時大部分在家鄉，每年除夕，母親總在我枕頭下放一個又紅又大的桔子、兩顆荔枝。故鄉「桔、吉」同音，「荔、利」同音，母親連聲的唸「吉利吉利，大吉大利」。再有五顆帶殼花生，母親唸著「五子登科」、「長生不老」。年初一一大早，觀音佛母（母親都是這樣稱呼的）前的淨水一定要我喝，花瓶中的紅茶花一定要我戴，說：『佛母保佑，女孩兒十八變，變個觀音面。』（〈過年〉）

讀著琦君對家鄉山水田園與往事生活追憶的文章，宛如瀑流的清泉，滲入心靈的田園，潤入久旱枯黃的原野，居然冒出了一片片鬱鬱蔥蔥的綠林。這就是家鄉的文化人，給我們感發縷縷追憶消逝童蒙靈趣的美感，給我們展示片片人文精神的風景。琦君的散文，正是以這種親和力的詞境，深深地打動著千百萬對家鄉有著深切情戀的人，給人們以情感的豐富，心靈的慰藉，靈魂的安妥，意境的提升，產生了強烈的人文精神魅力！

貳　小說的文化美育功能

從現代美學觀來認識，小說作品最大的美學價值，就是它的社會文化美育功能。一部好的小說，應該使讀者陶冶性情，增強生活趣味，昇華理性思維，提高人生境界，優化大眾文化心理，使人的精神健康向上，協同社會協調發展。我們可以從琦君的恩師夏承燾對琦君所期望的文學成就出發，來理解她的小說所具有社會文化美育的功能與其小說作品所具有的文化意義，是頗有發人深思的意味。當琦君還在大學讀書的時候，夏承燾在給琦君的信中寫道：「近讀奧爾珂德《小婦人》，念希真他日如能有此不朽之作，真吾黨之光。以汝之性情身世，可以為此。幸時時體貼人情，觀察物態，修養性格。對人要有佛家憐憫心腸，不得著一分憎恨。期以十年，必能有成，目前即著手作札記，隨時隨處體驗，發揮女性溫柔敦厚之美德。」（〈三十年點滴念師恩〉）誠然，夏承燾所期望的這位高足從其才能與人生經歷來看，是能夠寫出「不朽之作」的小說。琦君寫小說，也確實做到了從社會生活實際出發，在社會實踐過程中，「時時體貼人情，觀察物態，修養性格」。她根據自身的「性情身世」，挖掘和提煉生活中，「發揮女性溫柔敦厚之美德」，寫出具有社會文化美育功能的「佛家憐憫心腸，不得著一分憎恨」的文學作品。夏承燾短短數語，便成了琦君後來小說創作的修養、方法，也預言了琦君小說作品所具有的文化內涵。琦君在小說創作方面的成就，所蘊在的社會文化美育功能與美學價值，彷彿是冥冥之中，有神來之助，循其道前進，大有所成。

一、小說的兩重世界

文學是精神上的世界，是作家感性世界與理性世界相凝聚的智慧琥珀。寫作是琦君的精神生存世界。她的文學寫作既是為了個人精神與靈魂上的安妥，又是自覺或不自覺地安頓了千百萬讀者的心靈。琦君的小說既是她個人的精神世界，又是大眾的精神世界。我們讀琦君的小說，總是從中感到一種淒涼裡流露出淡淡的鬱傷情感。這種情感使人有親臨其境之感，有一種生活美與藝術美相交融的情感。讀著使人沉浸在作家所營構的一個非常美妙而淒涼的精神世界之中。這種既從現實生活中所體驗到的一種情感，又彷彿是一種超越生活而產生的美感，深深地打動著讀者的心靈。這正是琦君小說作品的成功之處，「人人心中有，人人筆下無」的藝術魅力所在。

誠然，將琦君的散文與她的人生歷程結合起來，審察感悟她的小說裡面的人物命運與性格、生活細節以及環境氛圍，就能體悟到她小說筆下的人物和生活，既有琦君自身的影子，又有飄乎渺渺的神秘之感，遠離琦君的形象。這就是透過琦君廣漠的文化背景和她流離顛沛的人生磨難，從另一個視角看到琦君小說所創造的一個文化精神世界。

由此，我想起文化研究學者余英時先生，在他的《紅樓夢的兩個世界》中，非常深刻地指出：

《紅樓夢》本身具有兩個世界，紅學研究中也同樣存在著兩個世界：一個是曹雪芹所經歷過的世界，一個則是他所虛構的藝術世界。……曹雪芹雖然廣泛地使用了他的歷史世界為《紅樓夢》的創作題材，然而他的整個藝術構想卻遠遠地超越了具體的歷史世界。我可以大膽地說，不把握這一重要關鍵，我們是不可能進入《紅樓夢》的藝術世界。

從余英時先生研究《紅樓夢》這個角度來理解，琦君的小說創作區別於她的散文，也正是表明了她的文學創作所具有的「兩重世界」。一是琦君依她所經歷的生活與文化背景所勾勒出的散文世界；另一則是琦君根據自身生活與社會體驗的經驗與學識而展開豐富的想像力，營構了一個小說的美學世界。這個世界源於生活、反映生活、高於生活、詩化生活、感化生活、體悟生活。琦君的小說是以自身豐富的生活體悟與淵博的學識，以及豐富的想像力，構成多維度多層次的內心世界，從而創造了一個具有東方人文精神的人性宇宙世界。

從琦君的「兩重世界」去研究琦君小說的美學意義和琦君本身的文化智能結構，是具有非常重要的意義。琦君文學創作的兩重意義，有別於其他作家的，在於她精心（比小說創作更化精力的）設計營造的散文藝術。琦君在當代作家中，她的散文不僅僅是奠定她的文學成就的根本，而且具有超越一些當代文學作家的原創性。將琦君散文所具有的豐富性、情感性、文化性作為參照物，是其他作家所不能企及的地方。從這個角度出發，琦君內在文化心靈世界對小說創作的美學意義，是具有值得開闢研究的啟發思想價值。

琦君在談到散文與小說的創作時說：

> 我深深感覺到，寫小說和寫散文的況味，完全不同，甘苦各異。散文是信筆拈來，直抒胸臆，行乎其所不得不行，止乎其所不得不止。即使是書被催成，也可自成

片段。而寫小說，卻絕非自己的心靈所能操縱，它既不能奔放如天馬行空，也做不到如「風吹水面，自然成紋」。因為寫散文時，你本人一直入乎其中，而寫小說儘管設身處地的體念，仍必須出乎其外。許多散文裡可表達的感想，卻無法見諸小說。套句王國維的《人間詞話》：「詞之為體，要眇宜修，能言詩之所不能言，而不能盡言詩之所能言。」小說之與散文，正復如此。小說也是「要眇宜修」，能呈現散文所無法呈現的，卻又不能直接表達散文所能表達的。寫散文，是心靈上的享受，而寫小說卻是心靈上的焦熬和折磨。像孕育一個嬰兒，負荷是相當沉重的。這顆心靈，應當是愈磨愈剔透玲瓏，如佛家摩尼珠，隨物現其光彩。（〈細說從頭〉，《錢塘江畔》代序）

由此，從琦君的散文創作藝術所表現的詞境，結合琦君小說美學的闡述，就不難發現從琦君的「兩個世界」去闡釋琦君小說創作的審美意義。我們讀琦君的〈七月的哀傷〉、〈失落的夢〉、〈水仙花〉、〈永恆的愛〉、〈琴心〉、〈長相憶〉、〈梅花的踪跡〉等小說，發現她對人性、愛情與倫理方面的描述，正體現了她對小說創作的態度，「寫散文，是心靈上的享受，而寫小說卻是心靈上的焦熬和折磨」，「這顆心靈，應當是愈磨愈剔透玲瓏，如佛家摩尼珠，隨物現其光彩」。

同時，我們研究一位作家的小說創作，必須從宏觀上對作家的生活和文化背景的挖掘，再深入到小說創作的語言和文化情感諸方面的微觀分析，才能有所把握。琦君以自己生活的感性融和理性來表現細緻、曲折的人生，她的作品可貴在平常生活的一舉一動中，從瑣細的生活匯集起來，成為深深震撼讀者心靈的細節。提供給讀者的是，需要有深層次的理性思維去深思和體悟其中特殊的審美意義。講句實在的話，琦君的文學作品強調人生與社會和諧性的一面，無論是散文或者小說，從表面上看沒有深刻的理性思想和高越的哲學境界，但裡面涵蓋極為廣漠的人性情感的豐富性和體悟內在心靈宇宙的廣博性。

我們從琦君對〈橘子紅了〉小說創作目的的闡述，就能進一步理解她的小說創作所具有的「兩重世界」意義。琦君在〈關於橘子紅了〉一文中說：「儘管題目喜氣洋洋，而故事卻非常淒悲。」這是她心中的激情，一種壓抑的情感，多麼想奔放出來。她說：「如不再寫的話，我那些敬愛的親人長輩刻骨銘心的創痛，默默認命的受苦與犧牲，豈非永不為世人所知？我又豈能甘心？又怎麼對得起他們呢？」因為在「我記憶中的人物，跟我太親了，而且個個都那麼單純、樸實，他們無怨無尤的善良，使我實在不忍著墨多加描繪。他們坎坷的遭遇，也由不得我做主安排。」「因為這裡面的我——秀娟，不完全是我，我十六歲時還沒那麼通達人情，對人如此體貼。寫此篇這是我對秀芬粗心大意，未能多多照顧的心理補償。秀芬呢？則是好幾個舊時代苦命女孩子的糅合。我狠心地讓她承當了更多的苦難。至於文中的情節，多半是真有其事的。這也許就是這篇小說的虛虛實實吧！」

二、小說語言與意境

琦君的小說語言繼承了「五四」新文化運動以來的白話文，融入中國傳統文化的文言文語言，使現代化了的白話文，增添了一股濃濃的古典詩意的韻味，達到了真正的水乳交融的意境。讀琦君的小說，常常使人發現白話文語言裡透露出中國古典詞韻的意味，宛若讀她的散文，行雲流水的語言給人以清新淡雅的美感。在此略舉琦君散文中的二則短語，就能使人有此感受：

> 清晨的江水是沉靜的。在山上，凝眸遠望，江上霧氛未散，水天雲樹，一片迷濛。晨曦自紅雲中透出，把薄霧染成粉紅色的輕紗，籠罩著江面。少頃，霧氛散開，江面閃著萬道金光，也給你帶來滿腔希望。沉靜的江水，也有憤怒的時候，那就是月明之夜的洶湧波濤。（〈西湖憶舊〉）

> 對一切的人和事，我都滿懷希望。我像是遊倦了姹紫嫣紅的花圃，徜徉於紅葉滿眼的秋山。深邃的山徑中，有著一派肅穆的美，我嚮往著傲岸於霜風中的紅葉。（〈哀樂中年〉）

琦君在描繪人物和事物的過程，往往借助自然景物和草木風候來表達人物及事件發生的狀況，使人既有審美上的快感，又能加深理解作品的文化內涵。這種借景抒情或借物述事，往往是中國古典文學所表現的一種藝術意境。特別是中國古典詩詞更是借助一系列自然物候符號來表述詩人詞人的心境與人生境遇。讀琦君的散文，常常會使人從自然美感中，產生對人生的境遇與情感的聯想。比如：

晨曦自紅霞中透出，把薄霧染成粉紅色的輕紗，罩著江面。粼粼江水，柔化得像紗帳裡孩子夢中帶笑的臉……我們赤足在潺潺溪水中掠石子，夏老師依檻閒吟，詩成後傳誦一時。（〈何時歸看浙江潮〉）

我大學畢業以後，回到故鄉，母親剛去世數月，張伯伯的墓園已經綠草如茵了。教堂矮牆邊的月月桂雖然在春寒料峭中仍舊送來撲鼻的芳香，情景依稀，而人事的變遷，卻使我悲從中來。（〈爛腳糖〉）

琦君不僅僅在散文創作上運用了詞境的文化審美意味，而且在小說創作方面，也是以詩詞表達的手法，用具有象徵意義的自然物候來表述其中的文化意境。

張文伯在評論琦君的小說創作藝術時說：「這是她生活的寫照，真性情的傾吐」，「琦君為文，不事雕琢，長於心理描繪，而以空靈淡雅勝。其情致有如綠野平疇，行雲流水，令人超逸意遠，餘味常在欲言未言之間。她之所以能此，半恃天才，半賴功力。」不事雕琢，樸質淡雅，語語出自至情，這是文學的高妙境界。琦君寫小說也許受到恩師夏承薰的影響，她曾經說：「夏老師說寫文章必須避免平庸的感傷情調，要有一種超凡出俗的崇高意境。有了靈感並不是馬上可以成為好文章，還須加上耐心醞釀，才能產生精心的創作。他說寫作有如釀酒，現實的生活經驗是米和水，天才和靈感就是酵母，把酵母加入米和水中，並不是馬上可以成酒，必須要一個相當時期的醞釀，使米和水起了作用，成為一種完全不同的東西——酒。醞釀得夠，做出來的酒才夠甘美，這才是作者以生命創造出來的文學」（〈吾師〉，《琴心》代序）。夏師還說：「作詞、作文、作人是一樣道理。第一要至誠，至誠乃能順乎自然，不致矯揉造作」。「作詞固然要能清空，尤要能沉著。清空是生活的態度，沉著是生活的原則」（季季〈琦君〉，隱地編《琦君的世界》）。這種春風化雨的薰陶，使琦君從個人的文化積澱，寫出真性情的文章。故此，琦君最喜愛《牡丹亭》裡的兩句詞：「一生愛好是天然，卻三春好處無人見。」琦君認為文學藝術的最高境界在於真。真就是人生世相的表露，也就是開善與美境界的先河。臺灣文藝家張秀亞曾在〈煙愁〉（隱地編《琦君的世界》）中評論琦君的文學：有一種清新俊逸之氣，一般高雅的氣韻，一種難言的神韻，這賦予她文字無限的魅力，文章的氣韻，原是得自天機，發自靈府。正如郭若虛所說：「固不可以巧密，複不可以歲月到。」完全是來自那崇高的心靈。臺灣作家思果在〈落花一片天上來〉（隱地編《琦君的世界》）評論琦君的文學語言用生花妙筆把感受寫出古人所說的淡雅、沉鬱、研精覃思，是「落花一片天上來」。

我們從琦君的小說裡，自然也能讀到詞境的語言意味。特別在人物性格刻劃和心理的描述，也是以詞境的表達手法來描寫人物豐富細膩的心靈世界。比如她在〈失落的夢〉裡借自然景物描述人的心情：

> 風，一絲兒也沒有，上弦的新月，撒下了淡淡的光輝。我穿過疏疏落落的棕櫚樹，躑躅在輕紗樣迷茫的夜霧裡，心頭無端感到一陣沉重與空虛。
>
> 許多人說愛情有如飲啜芬芳的葡萄美酒，醉了有清醒的一天，又如春天裡嬌豔欲滴的花朵，雖美麗而終必凋謝。我卻始終歌頌愛情如奔流不息的長江大河，如冰雪裡長青的松柏。愛情一經獲得就永不會失去。

我倚著車窗，看窗外的青山綠樹與天際縹緲的白雲，一齊從我眼底飛逝過去，是那麼的迅速、那麼的奄忽。這正象徵著我與仲明，一同在生命的旅途裡，繪下了綺麗的畫圖，卻又將它撕下來隨風飄去，飄去。我的心也隨著它悠悠地飄去了。

她在小說〈錢塘江畔〉裡，寫到主人公小喬與韋明峰對話，也是以詩詞語言來表達愛情的意味：

小喬問他：「你最喜愛那個人的詞呢？」「我不是中文系的，還不會分辨各家的作風，只是揀我自己喜愛的背。我非常喜歡『獨立市橋人不識，一星如月看多時』這兩句，卻不記得是誰作的了。我覺得那一份獨來獨往的蒼涼，只有星星月亮才知道。」小喬說：「我倒是喜歡蘇東坡有首〈卜算子〉。尤其是最後四句：『驚起卻回頭，有恨無人省。揀盡寒枝不肯棲，寂寞沙洲冷。』」

在琦君筆下的小說，彷彿可以作為一首詞來解讀其中審美情趣。比如在小說〈姊夫〉

裡面寫主人公通過臨終姊姊信中的委託，以一種家庭與社會的責任感，嫁於姊夫為妻，內在寄寓著豐富的情感世界，表現了東方女性的高尚美德。小說的結尾寫著：「微風掀開了綠窗紗，我微睜雙眸，看見正在偷窺我們的月牙兒亦含羞地躲入雲端了。」〈水仙花〉以一對夢魂顛倒了十五年的情人，將水仙花喻意為人生與愛情的象徵。女主人公方淑敏為尋找彥良來到臺灣。但彥良以「為了珍惜我們聖潔的愛，千萬不要以自私摧折了它，我們當以更偉大溫厚的心靈，培養起這永恆的愛，願它如長江大河，無窮盡地奔流在天地之間。」拒絕了她的愛。使方淑敏感悟到：「為了珍惜我們聖潔的愛，我願貢獻身心於廣大的社會人群，我答應決不再以自私困擾你。水仙花謝了會重開，願春天長駐在你我的心中。」琦君在小說結尾寫道：「他悠長地嘆了口氣，心頭不知是安慰還是悵惘。猛抬頭見天際絢燦的曉霞，托著晨曦冉冉上升，萬道光芒，啟示他熱情與希望正是充滿人間。」這種為了人類工作，拋棄了個人私自愛情的純潔高尚的愛，寄託著深沉的感情。在當今物欲橫流，情愛朝秦暮楚之中，是具有多麼美麗的薰陶感應。

從這些小說的結尾來理解整篇文章的結體和人物心態及事件發展，簡直是一闋非常精美小巧玲瓏的小詞，使人從中得到許多美的啟悟。

琦君眾多的小說作品中，有的小說往往是以現實生活表現的想像及心理活動，但對生活中的實質性細節描寫顯得單薄。與之相反的是散文描寫生活實質性細節寫得往往動人逼真。小說往往只是提供給讀者一個廣闊的想像與聯想的空間。這也就決定了琦君的散文比小說具有更大的文化意味的所在，也構成了她小說與散文兩大寫作的區別，小說注重想像，散文講究實在性。好文章歸根到底就是通過文字組成心靈的幻象，進行情感的交流。文本消失了，但文本所提煉的意象卻越來越深刻地展示在讀者眼前，使讀者真正領會其間展示的精神生命和思想靈魂。琦君在談到自己寫〈梅花的踪跡〉〈細說從頭〉，《錢塘江畔》代序）時說：

> 「梅花的踪跡」，顧名思義就有點虛無縹緲，而那份靈感的來源卻值得珍惜。有一回和外子看「珍妮的畫像」電影。散場後在寒冷的夜風中等車，腦子裡轉著電影中一幕幕的情景，我忽然對外子說：「我也要寫一篇古裡怪氣的小說，一個女孩子倏然而來，忽焉而逝。沒有故事，也不是愛情，卻要充滿羅曼蒂克氣氛。」

〈梅花的踪跡〉這一篇小說不僅僅是情節離奇，而那描述手法更是一種非常奇妙的意識流的形式，表現出一種虛幻的美，是以詞的境界來創造小說的意境，達到了很好的審美情感的效果。

三、文化與蘊意

琦君的小說是一種文化的情感表現，然而這種文化情感裡面有著美的蘊意。這種美的蘊意決定了琦君的小說具有真善美的審美意義。同時，一位作家本身的文化素養決定著作品的文化蘊意，作品的文化蘊意直接影響著作品的感染力與生命力。從上述所論及琦君小說創作的「兩重世界」來理解，琦君的小說從她自身的生活出發，綜合自身的文化智慧，創作出具有「真」的特徵，提煉了生活中「美」的意蘊，表達了生活中「善」的美德，具有很高社會文化審美價值。琦君的文學境界是以傳播美為最高的原則。她曾經說自己的文學創作目的是：「文學的最高境界，應與宗教相匯合，凡是真的，美的，必須是善的。即使寫醜陋也只基於關愛。我一向把握這個原則，堅持這個信念而寫，無論小說或散文。」因為「我深感這個世界的暴戾已經夠多，為什麼不透過文學多多渲染祥和美好的一面，以作彌補呢」。「我只在顧到小說的趣味性可讀性之外，自期能於作品中灌注入一份『高潔的情操』，表現對人生的『崇高理想』，也希望從現實取材，再從現實昇華。」（〈細說從頭〉，《錢塘江畔》代序）

琦君在〈梅花的蹤跡〉裡，以「數點梅花天地心」來喻意美的精神內涵，以幻想的章法，渲染出一片美的哀情。我們可以從中聽到一種美的心聲在迴蕩著：「梅花是一年裡最遲開放的花，所以百花雖然萎謝，我總在盼待中。」「梅花帶來了第二年春天的消息，所以她應該是春天裡最早開放的花。」「阿梅，你愛梅花，梅花就活在你心裡。她雖然外形萎謝了，生機是永存天地間的，一切都是如此，不只是梅花。」從中流露出小說裡面主人公對美追尋的方向。「只要你放眼尋求，春意是充滿人間的。」「你也是屬於這深山幽谷的，你和梅花秉承的是同一種氣質呢！」這裡面自然蘊涵著「冰霜未盡先嬌媚，芳菲欲動偏回避，原不識春愁，負它月一勾」的寒梅相思之意。

我們讀琦君的小說〈橘子紅了〉、〈長相憶〉等作品，它們的題材都是來自於生活的原形性和真實性。特別是〈橘子紅了〉簡直是一部她個人的身世介紹（當然小說有虛構的部分）。琦君的小說有「真」的特徵，真才具有真正的審美價值意義。誠然小說創作的

「真」和散文創作的「真」有著文學創作規律的本質區別。琦君小說創作的「真」，只是表明她從生活出發（從生活出發，也並非單純以作者親身經歷的生活體驗為根本，而是結合社會現象的真實性出發），源於生活，高於生活。琦君小說創作的「真」，是為了表現生活中的「善」，弘揚社會的「美」。小說〈永恆的愛〉裡面的劉大夫對婉瑩的愛，只是默默地、深深地融洽在自己心靈之中，直到婉瑩所愛的男朋友初萍去世後，他才吐露出對她的真情。〈長相憶〉裡，以童蒙的視角，描寫了小美的家庭教師張老師，與小美的父親曾熱烈的相愛過。小美的母親默默地接受他們曾經有過的愛。但張老師為了小美父親和媽媽的愛，為了一個家庭的幸福，毅然離開了她所愛的男人，成了一種「長相憶」的愛。〈琴心〉也是以童年的視角，寫出一個小女孩看著失去了爸爸後，媽媽心靈的痛苦與哀傷，通過梁老師續寫出爸爸未完成的曲譜，彈奏出奇妙的琴心，溝通了媽媽與梁老師共同嚮往的美好心靈。琴心即情心，使媽媽從失去爸爸的陰影裡走出來，不僅僅是媽媽，而且使整個家庭都得了幸福。〈梨兒〉寫了一個女主人公因為不能生育，丈夫與職工阿菊生了一個非常漂亮可愛的梨兒。主人公對梨兒十分喜愛，視如己出，關愛有加。從中表現了女主人公的寬容與慈愛，同時也表述了人性的美德。〈岳母〉寫了主人公心怡與妻子過世的俊人結婚，心裡一直感到俊人對前妻的深切懷念，岳母對死去女兒的無限思念，還有俊人前妻的女兒小珍，常常使她處於一種十分尷尬的狀態。此時岳母向心怡透露自己的女兒對俊人愛情不貞，暗中與另一個男人相戀，當她的女兒發現她所愛的男人與另一個女人相愛時，受不了刺激，心臟病發而死。岳母為了不要傷害女婿俊人的心，隱瞞了這個生活中的陰影，最後為心怡講出了這故事，使心怡深切地感受到岳母的慈祥心田與寬大胸襟的偉大。故事告訴人們要學會深切理解別人心靈深處的痛苦。〈鐘〉寫了一個在法院工作的人員「金推事」，平時工作嚴肅認真，奉公廉潔，心田善良，愛情純潔的平凡小事，卻反映了一個小小的人物而有著高尚的美德。這些小人物，在人格魅力上，往往超越了許多大人物所達不到的精神境界。〈完整的愛〉以一個小孩童蒙的心態來理解媽媽的愛情遭遇。慧兒的媽媽因迫於母命嫁給她的爸爸——一個沒有愛情基礎的表兄弟。而媽媽和媽媽的情人幼之叔，為了慧兒的「完整的愛」而犧牲了他們自己的幸福愛情。愛的悲劇是多麼令人嘆息不已，感慨良多。〈七月的哀傷〉既是現實生活的表現，又是以散文的形式來表述。寫雲弟的死是由於後娘的感情冷漠造成的悲劇，又寫出了雲弟對生活的熱愛與自由的渴望，讀來感人肺腑，催人淚下。〈阿玉〉寫一個丫頭阿玉，受到主人公的二姨媽欺凌，隨意打罵，過著「除了貓和狗，誰都比我大」的生活，揭露了生活在低層階級弱者的生活與命運的悲慘遭遇，從中反映了三叔具有進步的愛情意識與同情弱者的思想感情。小說透露出強烈的悲憫意識，達到教育人從中鞭韃醜惡的行為而宣揚美的品格。

琦君意圖通過對生活中「善」的挖掘，使人感受到人間的美。把美帶到生活中去，這是琦君文學創作的重要原則。她在〈失落的夢〉裡，寫蕙為了丈夫和情人的幸福，離開了她自己所愛的丈夫，把美與幸福帶給別人。這正是體現了蕙的善美之德，與她所理解的「缺陷的人生是一種多麼甜蜜的痛苦」。這在當時也算是一種「先進」文化衝突中，出現新的倫理道德，對當時的社會也許具有一定的美育指導意義。

在琦君的小說作品中，還有運用愛情與家庭、人生與社會的倫理道德諸方面的題材來進行創作，裡面蘊含著十分豐富的社會美育的感應，將放在琦君的情感世界裡面進一步闡述其間的社會美育功能。

四、多維性與文化意味

琦君小時候十分喜愛曹雪芹的小說《紅樓夢》，常常偷著看這被大人列為「誨淫誨盜，不足訓也」的禁書。她說自己讀《紅樓夢》已經讀過七、八次了。每隔一段時間讀一次，對《紅樓夢》的文學藝術與人生社會就有一個新的認識與理解。由她對《紅樓夢》的喜愛，我們在讀她的小說〈橘子紅了〉時，邊讀邊悟其中的多維文化意味，想到了她筆下的〈橘子紅了〉與曹公的《紅樓夢》有著許多文化傳承的內在聯繫。

琦君是一位中國文化所「化」的作家，她的作品不僅僅是散文具有非常豐富的文化內涵，而且小說也是蘊含著非常豐富的文化意味。從多維視野來審察她的小說〈橘子紅了〉，是有著深厚的文化意味。所謂的文化意味，即琦君小說所表現為中國文化所「化」的文化內涵與社會、生活、人物情感、思維、觀念諸方面的蘊意。這種「文化意味」是一種不可言狀，只能意會，不能言傳的文化蘊意，具有多維性審美的特徵。更富有意味的是，從多維視野來審視琦君的〈橘子紅了〉與曹雪芹的《紅樓夢》進行比較，裡面居然有著內在文化傳承的奧秘之處。在此，從多維文化意味來談點〈橘子紅了〉與《紅樓夢》的內在聯繫。

小說〈橘子紅了〉由舊傳統倫理道德中分解出人性、人倫、人道的殘酷一面，深刻地描述了大媽為了抗衡二姨太，選了十八歲的姑娘秀芬給大伯當小妾。秀芬因害怕二姨太的監控而小產病亡。後來，家人在秀芬的遺物中，發現了她暗自留給六叔的香袋。在理性與愛情的衝突中，六叔以理性戰勝感情帶來的心靈不安和痛楚的陰影，是何等的沉重！琦君是一位不願意把赤裸裸、血淋淋的悲慘場面傳遞給讀者的作家，而讓讀者從淡淡的憂傷中感悟到生活中的啟示。這些給人以深沉蘊藉、凝重悲抑的感受，表達了琦君的心靈深處對先輩的無限追憶，無法驅散的疑惑和憂傷，給人以凝視著內心深處的悲哀與痛苦。

琦君少年時代曾有過刻骨銘心的生活感受。她出身於傳統文化書香與豪門軍人的家庭，她性情率真，對生活有著極高的悟性。她能夠在時光歲月的蝕食下，把情感和心智錘煉成一種表述人性的深度和強度。在她創作的散文和小說裡所描述的地理環境與人文地域，僅僅只有她的家鄉瞿溪一地，但她創作的作品裡卻是蘊含著如此博大的文化內涵，著實是令人吃驚，真可謂是「性靈出萬象」。這也正是值得我們去探究作家心理建構的奧蘊之妙。人世無常的淡淡哀傷與家庭的悲歡離合，給琦君終生留下了深刻的痛楚。〈橘子紅了〉就是她以古典詞境的情懷，捕捉心靈深處的纖微幽渺，對人生往事無限懷戀和痛惜來訴說心中的情愫，流露出對人生愛情和命運周折幽怨淒婉的深沉感慨。這也就是她寫〈橘子紅了〉的題旨與動機。

文學作品揭示的人性越深，作品越具有生命力。從人性與人倫道德的角度來理解，〈橘子紅了〉所描述秀芬不幸的遭遇是一種人性的摧殘。秀芬本來可以自由婚姻，但她的不幸本於人為。這種人為悲劇的製造者是大媽，或者是大伯，秀芬自己呢？其實都不是。這是一種文化，為傳統舊文化所「化」的舊禮制而產生摧殘人性的悲劇。這並不是否定全部的傳統文化，而是指傳統舊文化中那些劣根性的文化。正如臺灣作家白先勇所說：「琦君作品中這些『好人』卻往往做出最殘酷最自私的事情來——這才是琦君作品中驚人的地方。」（白先勇〈棄婦吟〉，《橘子紅了》）琦君對白先勇的評論深有感觸，她也說這確實道出了她寫此小說的複雜心情。由此可見，舊文化中的某些劣根性東西，對社會文化的構成或者對人性的殺傷力是非常殘酷的。秀芬的命運遭遇與《紅樓夢》裡的群女子一樣，就是一種劣根性文化對人性摧殘的表現。大伯為了傳宗接代，大媽因自己不能生育，為了抗衡交際花二姨太而娶秀芬為大伯的小妾，這彷彿是一種人倫的禮儀。不幸的秀芬本來與「坐懷不亂」的六叔有著年齡的相仿與同學間的情誼，他們的結合本來是最符合於人倫禮儀。但為舊文化所「化」的理念，隱含著大家族夕輝殘照，衰微沒落的陰影，致使秀芬與六叔在苦戀中情未斷、命已絕，天涯永相隔。這正是異常的婚姻鑄成家庭與他人的不幸。大伯對秀芬的關懷，僅僅以給大媽的信，最後加上「秀芬均此」四個字，也算是對秀芬「一日夫妻百日恩」的一種「人倫」關懷罷！這一切留給讀者深覺悲憫與蒼涼激越的思索。

民俗風情是一個地域文化的特徵，也是民眾生活的一種情趣，〈橘子紅了〉與《紅樓夢》一樣，裡面自然蘊含著豐富的民俗文化。溫州一帶隸屬甌越文化，尚有到寺廟求籤問夢的習俗。大媽與秀芬去問夢求籤，既是一種企盼，又是一種失落。秀芬燒湯圓給大伯吃，喻意夫妻團圓；大媽用大蘋果、大雪梨供佛；六叔吃梨不分吃；數數目都要成雙；百子炮，百子炮，百子千孫五代榮；秀芬出嫁當新娘子，外罩黑布衫，跨豬欄門下，攔晦氣於後門外等等，這些都是一種民俗文化的表現。

文學藝術表現的象徵喻意，是提高審美的文化品位，令讀者有無窮回味的意趣。小說題目中的「橘」，本身就是一種象徵的意味。橘農為了使橘果長得壯大，常常要摘掉許多「癆丁橘」。秀芬的命運就是被摘掉的「癆丁橘」的悲慘下場。橘子紅了，可以請大伯來「嘗新」，但在秀娟的眼裡卻是「橘子才跟豆子似的，怎麼說橘子紅了呢？」大伯「對小太太真的像採橘子似的，揀個鮮紅的嘗嘗，也許只嘗一口就把它丟掉，讓它爛掉」。這就是多麼可憐的「小橘子」的下場了。「磁娃娃碎了」，秀芬不僅僅是沒有了孩子，而且她的一切理想也都破碎了。「天已大亮」，但對於病中的秀芬自然是「屋子裡怎麼這樣黑」！誠然，在那種社會文化裡，不幸的不僅僅是一個秀芬而已！

從《紅樓夢》來對照〈橘子紅了〉，還能發現正人君子的大伯更像道貌岸然的賈政，外表修飾的是人倫禮儀，內在卻是等不及娶交際花為姨太太，視秀芬為「癆丁橘」的偽君子；二姨太為了監控秀芬，彷彿重施王熙鳳演殺尤二姐的故伎；交際花二姨太手狠心辣，又使人想到《紅樓夢》裡「妾婦文化」代表趙姨娘的種種卑鄙行為；秀娟怕讀書死背，常常跑到橘園裡貪玩，好像是寶玉的讀書鏡頭；大媽有賈母般的慈悲，卻成為殘害秀芬的兇手，她樂於作一個賢慧的妻子，給大伯取新姨太，多麼像《紅樓夢》裡的邢夫人勸導鴛鴦嫁賈赦的心態；秀芬的哥哥嫂嫂，五百元賣掉秀芬，永不往來，自然更像鴛鴦的兄嫂；更有意思的是，阿川叔正是《紅樓夢》裡焦大的角色；秀芬說「女人家少認幾個字也好，像我這樣的，心裡頭清靜，什麼也不想了」，正是薛寶釵「女子無才便是德」的翻版；最喜歡講「悵惘」的六叔和秀芬不幸的愛情，又似寶玉對晴雯的思戀，「無可奈何」地失去了秀芬；六叔追憶悼念秀芬，以蠟燭燃熄，彷彿寶玉對黛玉的祭靈。

我在上面羅列了這些例子，來說明〈橘子紅了〉與《紅樓夢》的相似性，並非指〈橘子紅了〉與《紅樓夢》有雷同之處，而是說明一種文化的生命力，根植在文化所「化」的理念裡，彷彿在同一土壤裡長出同一植物的特質。但是，琦君和曹雪芹畢竟是兩個不同時代的人，更何況〈橘子紅了〉是琦君「真實」人生經歷的感受！作為生活在琦君故鄉溫州人，筆者曾經親自目睹過琦君故鄉的橘園，親聞過她的家世變遷。曾與琦君先生一起，看著「六叔」對於往事一切彷彿都成為過眼雲煙的木然之態。琦君童年生活「庭園深深深幾許，楊柳堆煙，簾幕無重數」的潘宅大園，正是《紅樓夢》裡的大觀園。琦君愛讀《紅樓夢》，但琦君寫〈橘子紅了〉，並非效仿《紅樓夢》，而是從她的真實生活出發，寫她經歷之事，心中之情，卻是表現了現代生活與歷史上的小說有驚人的相似之處。可見，琦君的文學創作與曹雪芹有著「心有靈犀一點通」。我想琦君的小說〈橘子紅了〉

和被改編成電視連續劇的「橘子紅了」，有著如此感人的魅力，將會產生不朽的藝術生命力。這就是大作家之所以為大作家的高妙之處。

感傷是文學的長青藤，〈橘子紅了〉與《紅樓夢》都是對人類生存意義上的觀照，把感傷浸潤在每一個文字裡的作品，讀之，使人感情的河流，湧動著悲愴的情波，激動著呼喚人性的復歸。《紅樓夢》是以女兒世界豐富性情來表現她們的「天地靈毓之氣」、「山水日月精秀」的氣象。出水芙蓉的秀芬，也彷彿是女兒世界裡的女性，但她被「清淨之水」中的「濁水」二姨太活活地恐嚇至死。秀芬是因美而嫁，因美而禍，因美而死，成為「萬豔同悲」的下場。這真謂是美成災難矣！

琦君是最善於寫情感悵惘無奈而文筆清麗淡雅的作家。她和曹雪芹一樣，寫的是自己親身經歷，由此可見，琦君對曹雪芹的繼承是建立在人性、人情、人倫、人道的審美感悟心靈上，表達了人類審美共性的情感。其中，自然包括藝術表現的手法和表達的題旨。琦君小說裡的人物是以綜合性的文化心理，折射出多重文化性格。而這種多重文化性情裡交融著真善美與假惡醜的混和性、複雜性、宇宙性，構成了人物的豐富性。她在〈橘子紅了〉中，正是以簡練清淡的文字深入社會和歷史的深處，所表達的豐富文化內涵，傳遞給讀者多維文化的審美視野，感悟豐富的文化意蘊。這是琦君文學創作的藝術境界，由她這種建立在深厚中國古典文學基礎上的藝術境界，自然使人想到她的文學創作與中國傳統文藝創作的傳承淵源關係。對於〈橘子紅了〉與《紅樓夢》的比較探討，顯然有助於對琦君小說創作整體上的認識，且有著極為重要的啟發價值。

叁　詞的文化情感

琦君是一位海內外著名的文學大家，但一般讀者並不一定知道她對詞學有著極高的造詣。她的文學藝術成就不僅僅在散文藝術方面，創造了一種具有極高審美品位的詞學藝術境界，而且還是一位具有詞學成就的詞人。她自幼拜一代詞宗夏承燾為師，受其薰陶與教誨，深懂詞學音律，深諳詞學精髓。她曾著有《詞人之舟》一書，對詞學理論進行了全面的探索，並在該著中論及歷代詞人藝術成就及審美情趣，循序漸進，由淺入深，受到海內外廣大讀者所喜愛。

海外著名學者夏志清評論琦君的散文是這樣說的：

琦君的散文和李後主、李清照的詞屬於同一傳統，但她的成就、她的境界都比二李高。我真為中國當代文學感到驕傲。我想，琦君有好多篇散文，是應該傳世的。

〈夏志清談琦君〉，隱地編《琦君的世界》

同樣，我們用夏志清對琦君的散文評論，來理解琦君的詩詞創作，也是頗有思想啟發的價值。

琦君是一位以詞境和詞的語言創造性地繼承發展了現代白話文的文學創作，取得了成功範例的文學大家。凡是讀過她的文學作品的讀者，不僅僅感受於她的文學作品的語言之美，而且還會深刻地感受到琦君是一位具有豐富感情的女作家，在她筆下的人物或者思鄉的散文，特別對於戀情、思念、鄉愁、懷人更是有著十分豐富的溫存細膩的情感。古人有云：文載道、詩言志、詞緣情。詞為情感與心聲之載體也。誠然，詞人表達情感與心聲，往往是詞人將自己豐富的情感，借助一種意蘊的象徵物，表達自己不可言狀的情感意味。為此，我根據自己多年來閱讀琦君文學作品的心得體會，結合琦君坎坷、漂泊的人生歷程，對琦君詞境所表述的寓物寄情，季候風情，寄景抒情的文化情感意味，進行一番初步的探索。

一、物化的情感

中國古典詩詞往往是以自然宇宙萬物作為「起興」的象徵物，來寄寓詞人的豐富文化情感，抒發自己內心的情懷。古代文藝大家對此有過論述，劉勰云：「興者，起也；起情，故興體以立。」孔穎達云：「興，起也，起發己心，詩文諸草木鳥獸以見意者，皆興辭也。」朱熹云：「興，起也，引物以起吾意。」照現代審美意識來理解，這是一種人的審美情感與大自然的物象有著某種感發相通之處。或者說是詞人將自然萬物作為自己的一種情感符號，來表達自己的情感。在琦君的詞文中，她喜歡以中國傳統的文化象徵符號的紅梅、梨花、櫻桃、花影、流水等，作為起興之物，表述自己在特定的歷史時期下豐富的情感。

臨江仙　紅梅

窗外一枝斜更好，亭亭玉骨臨風。暗香和月透簾櫳。芳心渾欲醉，脈脈吐新紅。

冉冉輕雲都帶恨，盈盈流水無蹤。幾番幽夢矮牆東。數聲羌笛裡，軟語話重逢。

琦君在寄物抒情中，很重視以詞境來表現自己內心豐富的情感世界。她在〈臨江仙・紅梅〉裡借助梅花敘述自己情感時，寫道：「窗外一枝斜更好，亭亭玉骨臨風。暗香和月透簾櫳」的紅梅，就是通過「斜」影和月淡黃昏來傳遞梅花的審美意象，醞釀自己的感情世界。由此，自然使人想起宋人林逋的「疏影橫斜水清淺，暗香浮動月黃昏」的梅花審美意味。但頗有新意的是，琦君將「暗香和月」表達「透簾櫳」的梅花境界，寫得更加細膩。把審美距離與朦朧意境相結合起來，表現櫳前梅花的朦朧意象，蘊含著一種淒迷的美感。使人感到自然界存在的梅花和審美情感幻象中的梅花在月光和著暗香而來到了櫳前，似人與梅，似梅與人，兩者相融互動於審美意態之中。「芳心渾欲醉，脈脈吐新紅」中，帶著「幾番幽夢」，隨著「輕雲」般的怨恨，卻變成了流水消逝，無痕無蹤。一種思鄉戀情而產生無奈的惆悵，回憶起「數聲羌笛裡」，不知什麼時候才能夠「軟語話重逢」？她通過月下朦朧的梅姿斜影，透露出陣陣幽香到櫳前，正是以一種「移情」的審美感受，表現了既是對人生時空消逝的無奈鬱悶，又是對人生遙遙難以寄情的嘆息。

清平樂　紅梅

冰肌玉骨，淡點胭脂雪。斜倚疏櫺邀素月，對影成三清絕。　相逢慢訴相思，年年長伴開時。惜取娉婷標格，好春卻在高枝。

雪中紅梅，斜倚疏櫺，「冰肌玉骨，淡點胭脂雪」，對映著皓月清空，孤獨的詞人踱步庭前，與梅花、皓月「對影成三清絕」的中國水墨畫圖象。這正是說明詞人特愛梅花，清幽淡雅，芳心苦節，孤獨而清高的情操。孤獨漂泊他鄉的生涯，更加重了她對夢中的故鄉及親人的思念。現在唯有對著梅花，慢訴著自己無比相思的情懷。年年如此，只得把人生相逢和美好的理想、憧憬，寄託在「好春卻在高枝」的梅梢之間。詞人這種內心抒情和婉約的風度，表現了戀鄉思親的心情是何等的沉重！

減字木蘭花　梨花

春風弄色，點點枝頭渾似雪。庭院幽幽。菇射仙人倚玉樓。　輕風吹散，花影婆娑雲影亂。招得吟魂，香徑他年印夢痕。

悠悠的梨花，「春風弄色，點點枝頭渾似雪」。在幽深的庭院裡，開滿了一朵一朵素麗簡約的花朵，是多麼的旺盛鮮美。可是三春的花影總是短暫飄飛而過，轉眼間就是一陣「輕風吹散，花影婆娑雲影亂」。詞人想起自己曾經與親朋好友踏著當年相聚的香徑，共敘曾經有過無限戀情的夢幻歲月。但是，離別之後，天各一方，無限情思的感懷，不知何時能夠「招得吟魂」？

上述三首是寄物抒情之詞，雖然沒有點明時間、地點，但顯然是表達詞人因戰亂漂泊臺灣，一種離別故鄉與親友分別之後，借助朦朧的梅花與月影和三春飄落的梨花，對遙遠的故鄉與往逝歲月的情愛相戀，因時空的隔絕而產生無限思念的惆悵情懷。

自然的風痕往往印記著生命的情懷。季候的風情是中國古典詞人的心靈密碼。傷春懷秋是惆悵情感的特徵。溫庭筠有詞云：「一葉葉，一聲聲，空階滴到明。」李後主有詞云：「寂寞梧桐深院鎖清秋。」李清照有詞云：「簾捲西風，人比黃花瘦。」這些都是詞人以季候的自然風物現象，結合自己當時的文化心境與觸景生情來表達自己文化心靈的奧秘。

琦君也十分講究自然風物在詞境上表現自己的情懷：

虞美人　早春

曉風吹斷簾纖雨。忽聽流鶯語。櫻桃樹底立多時，一種幽情唯有落花知。　問君底事傷懷抱，總為韶華老。膽瓶留取十分春，婉轉芳心付與賞花人。

在「曉風吹斷簾纖雨。忽聽流鶯語」的早春季節，一個人獨自靜靜地立在盛開的櫻桃花下，久久不願離開，一種心靈相思的情感奧秘，唯有知音的落花才能明白詞人心裡的情思。「落花風雨更傷春」，人們只是知道為青春消逝、人生衰老憂愁重重，但是詞人在充滿著似夢飛花、無邊細雨的情懷中，多麼希望把一片爛漫的「芳心」，寄託在遙遠的「賞花人」的心上。秋天是惹人感傷的季節：

踏莎行　秋感

月下高歌，籬邊把酒，清愁何事年年有。欲扶支夢到江南，可能夢似人間久。
不又見花黃，暗驚人瘦，蕭疏何況秋歸後。花開若是有明年，明年青鬢應依舊。

琦君在「月下高歌，籬邊把酒」中，「清愁何事年年有。欲扶支夢到江南，可能夢似人間久」，一片無限鄉愁的心情，多麼盼望回到故鄉江南美好的夢境裡。在一年一度的思鄉的情感中，又看到了燦爛的秋菊盛開，可是無限相思的情懷，使人變得更加消瘦了。蕭疏的秋天過去了，但是「花開若是有明年」，明年還是在一片無限思念故鄉的夢鄉裡！在那個因戰爭而造成離鄉背井的時代，獨在異鄉的人們，誰沒有鄉愁的情懷呢？這正是琦君詞境的高妙之處，將個人的情感世界推向群體的共鳴情感，產生感發的聯想。

二、清絕的境界

清絕的境界是惆悵情感的故鄉。中國古典詞人十分講究詞意的清境。琦君對詞的創作也很重視詞的清雅之境。她的恩師夏承燾一再教誨她，無論填詞或者寫文章都要講究「清」的境界。琦君的散文也是以清、淡、雅的文風行世，深為廣大讀者所喜愛。

很有意思的是，琦君在她並不多的詞文創作中，多次運用「清」字，頻率之高、用意之多，實在耐人尋味。我們把琦君詞文中表述的「清」字，所表達的寓意，結合那首詞的全部內容來理解，更能發現琦君詞文裡面表現的清絕境界是多層次的豐富性。

在她的詞裡，我們讀到「清香浮小院，月色自溶溶。」「千載闌亭追雅集，一樽遙對清空。」（〈臨江仙・詠友人棠梨館雅集〉）飛花似雪的幽境淡雅，清香陣陣，月色溶溶，遙對清空，寫的是小園清雅意境。「斜倚疏櫺邀素月，對影成三清絕。」（〈清平樂・紅梅〉）疏影橫斜，素月相映，孤獨清影，相伊低憐，寫的是望梅相思的清絕境界。「文字由來多惹恨，才人無奈總情癡。掬將清淚慰相思。」（〈浣溪沙・賦別〉）寫離別之情，飄零心事，清淚相慰，正是表達了癡情相戀，難以分捨的清淚之情。「月下高歌，籬邊把酒，清愁何事年年有。」（〈踏莎行・秋感〉）月下高歌，夢回故鄉，花黃人瘦，深深地寄意著詞人年年思鄉的清愁之思。「問酒邊清緒，何似一江潮汐。」（〈惜紅衣・前題〉）倦意孤琴，一榻西風，夢回江南，滄桑人世，表露了詞人似一江潮汐清緒之愁。「此日登高還買棹，閒愁付與清流了。」（〈蝶戀花・遊碧潭〉）碧水藍天，秋山豔美，正是詞人將多少閒愁付於清流之意。「清燈溫舊句，腸斷憶平生。」（〈臨江仙・題彭歌小說「斷鴻」〉）連天芳草，愁絕夢城，憂鬱無限，寫的是詞人在西風無聲之中的清燈之寒。「月華千里如練，清嘯和長風。」（〈水調歌頭〉）翹首蒼穹，何寄幽憤，夢到中原，是詞人愁添兩鬢的清嘯之慨。「快雨催殘暑。引清樽高軒雅集，提襟聯句。」「塊壘胸中無數，更消得清狂幾許。」（〈賀新郎・浩雨初晴，與友人市樓小酌感賦〉）雨催殘暑，清樽引酒，青衫濕遍，是詞人在金甌無語之中的思鄉清狂之嘆。「此生休願卜他生侶，清淚盡。」（〈金縷曲・讀嗣汾新著「康伯蘭的秋天」〉）回首天涯，蕉葉寒雨，飄零傷春，梅魂歸去，卻是詞人劫後清淚之魂。「人世幾番風雨恨，聚散也真容易。」「清一色，夜如水。」（〈金縷曲・送別孟瑤〉）浮雲白日，送君千里，幾番風雨，聚散容易，表達了詞人送別友人如水清色之誼。

琦君在這些詞文裡分別運用了：清香、清空、清絕、清淚、清愁、清緒、清流、清燈、清嘯、清樽、清狂、清色等等，每一個富有「清」意的詞語裡，都寄託著一種情感，蘊涵著深深的文化意味。由琦君的詞中所出現「清」字的頻率之高，使我想到古代詞家張炎在他的詞裡，用「清」的頻率也是很高的。比如在他的詞裡可以讀到：清潤、清遊、清峭、清興、清露、清氣、清暉、清香、清晝、清虛、清波、清味、清風、清傑、清高、清秋、清陰等。在《詞源》中，張炎又把「清空」作為詞的藝術最高境界來追求。沈祥龍在《論詞隨筆》中云：「詞宜清空，然須才華富藻采縟，而能清空一氣者為貴，清者不染塵埃之謂，空者不著色相之謂。」此語之意是說，「清空」是超塵脫俗、空靈高妙的意思。這就是將詞境與佛道兩家的審美意趣作為互動的感應來理解。讀琦君的詞，以及她的散文，就不難理解琦君詞境的「清空」意味。琦君有語：「飄零心事兩應知」，「一種幽情唯有落花知」，正是詞人痛苦的心情有著孤獨敘述自己無限鄉戀情思，心底裡蘊藏著心靈的秘密向誰訴說？

寫到這裡，使人想起了琦君與現代文學大家梁實秋有過一段文字之緣。那時候梁實秋在臺灣也有鄉思之情，他在散文〈過年〉裡寫自己童年在北京過春節的情景：「過年時我最難忘的娛樂之一是放風箏，看著風箏冉冉上升，御風而起，一霎時遇到罡風，穩穩的停在半空中。這時候雖然凍得涕泗橫流，而我心滋樂。」為此，獨在異鄉，老人感嘆：「人生最大的遺憾是有家歸不得。」也許他們都有「歲暮誰憐身作客，天涯何處覓鄉音」的同感吧。梁實秋在譯《莎士比亞全集》時，認為「莎翁筆下的人物無絕對的善，也無絕對的惡，方見其真實可愛。」琦君對此觀點十分讚賞。當梁實秋將全集譯畢時，琦君填〈金縷曲〉以示祝賀：

大匠功成矣，卅餘年，書城兀兀，古今能幾。善惡無常人性在，會得莎翁此意。
真異代文章知己。早歲才華驚海內，最艱難走筆烽煙裡。傷故舊，聞雞起。

高軒此夕須沉醉。引金樽，清風明月，豪情堪記。無限優游閒歲月，有個中英次第，把文史從頭理。千古浮名餘一笑，聽輕歌身外均閒事。夫人道，加餐耳。

梁實秋獲贈之後，即次韻奉答：

看二毛生矣，指顧間，韶華似水，從何說起。詩酒豪情拋我去，俯首推敲譯事。隔異代忝稱知己。筆不生花空咄咄，最躊躕融會雙關意，鬢撚斷，茶煙裡。如今稱了平生志。卻怨誰。相如消渴，難拚一醉，只羨伯鸞歲月好，多少綺情堪記。小院落、山妻料理。曳杖街頭人不識，綠窗前自了閒生計，富與貴，浮雲耳。

梁實秋畢生著譯等身，他的治學精神是難得可貴的。梁實秋與琦君的一段文字情緣，使琦君終生難忘。

三、夢幻的戀情

琦君認為詞是文學中最足以象徵苦悶抑憂的，因為詞的本色是表現情感的婉約、蘊藉、柔媚與纏綿。它能表達詞人那種面對人生出現的痛苦心境，表現無奈與惆悵的情感。鄉愁是琦君散文創作的一種重要的情感表現，這種鄉愁的情感同樣表現在她的詞文創作之中。回憶是一種相思的惆悵情感。琦君在詞文裡，就是通過對人生往事的追憶，表達一種無奈的鄉愁情感。現在讓我們來讀讀她一首追憶青少年時代的詞。

齊天樂

余在中學肄業時，嘗戲以鮮花嫩葉，排成圖案，夾置書中。十年來雖翠減紅消，顏色非故，而嬌姿麗質，猶似當年，睹物感懷，悵觸靡已，爰取素絹依樣繡五彩花卉，旁綴琵琶，什襲珍藏，藉資紀念。因賦此闋，以寄幽思。

縹囊也似藏春隖，紛紛斷紅無數。玉蕊斕斑，嬌姿瘦損，莫問春歸何處。紗窗夜雨，欲喚取春魂，與他同住。十載天涯，也應諳盡飄零苦。

飄零莫隨塵土，

拈金針繡入，萬花新譜。一點芳心，無邊幽恨，還向琵琶低訴。君應解語，嘆減盡韶華，夢痕無據。寫入幺絃，賞心人聽取。

琦君在中學讀書時代，喜愛收集花葉標本，她曾在文章裡有過描述恩師夏承燾在她的花葉標本的小冊子上填詩云：「留予他年說夢痕，一花一木耐溫存。」看著花卉標本，詞人想起自己現在獨自奔波海島，夏師之詩竟然成了讖語。看著十年前的鮮花嫩葉圖案，想到自己遠離故鄉，離別親人，自然「睹物感懷，悵觸靡已」，「因賦此闋，以寄幽思」。詞的前闋，詞人由「縹囊也似藏春塢，紛紛斷紅無數」，看到「玉蕊斕斑，嬌姿瘦損」，而發出「莫問春歸何處」的感嘆。在「紗窗夜雨」中，「欲喚取春魂」，但是，「十年天涯」，現在過著飄零的痛苦生活。眼前是「一點芳心，無邊幽恨」，只有奏著「還向琵琶低訴」的無限思戀的情懷。可嘆年年花隨春消逝，往昔夢痕成為無據可依的流水，一去不再復返。唯有隔著重洋向思念的人兒，訴說離別後無限思念的痛苦。

行文至此，我們自然想到琦君對恩師夏承燾是多麼的思念。據說夏承燾在海天相隔的大陸讀到琦君的〈虞美人‧題彭歌小說「危城書簡」〉：

錦書萬里憑誰寄，過盡飛鴻矣。柔腸已斷淚難收，總為相思不上最高樓。　夢中應識歸來路，夢也了無據。十年往事已模糊，轉悔今朝分薄不如無。

夏承燾讀後甚為之動容，他即填〈減字木蘭花〉：

因風寄語，舌底翻瀾偏羡汝。往事如煙，湖水湖船四十年。　吟筇南北，頭白京門來卜宅。池草飛霞，夢路應同繞永嘉。

一曲〈虞美人〉，一闋〈減字木蘭花〉都是以「夢中應識歸來路」與「夢路應同繞永嘉」的思鄉戀情為主題，訴說無限懷念的衷情，讀來多麼感人肺腑，催人淚下。一九八六年，夏承燾先生逝世後，琦君一口氣寫了萬餘字懷念恩師的〈三十年點滴念恩師〉，在文章裡琦君寫下了濃重的悵恨：

師恩似海無由報，哭奠天涯路渺茫。杖履追隨成一夢，封書難寄淚千行。

鄉愁是惆悵的夢境。夢也就成了琦君寄託無限思念故鄉的精神家園。讀她的詞就有這種深沉的感受。琦君曾有詞云：「一榻西風，夢江南消息。」（〈惜紅衣・前題〉）「夢到中原和黍，誤了平生書劍。」「斜陽外，送歸雁，落遙空。」這些都是一片鄉愁情感裡的夢的風景。琦君在這種夢境裡，彷彿「獨立撫孤松」而「不記秋歸早晚，但覺愁添兩鬢」（〈水調歌頭〉）的相思相戀之中。讀琦君遙寄倩因的〈金縷曲〉、〈滿江紅〉更使人為詞人的思鄉之苦而清淚紛下。離開故土，使她「此心淒苦」的是「三載飄零無家客，幾得知音如汝。」最為難忘的是寂寞與相思倍增，只待到「桐葉三更雨。為譜出，淒涼句」的文字。「夢裡相尋應識路」，「年年秋風客地」的琦君，「翹首望」海峽兩岸，「蒼茫雲霧，海天無際」，「百感難隨水流去」。她一反李後主的「問君若有多少愁，恰似一江春水向東流」，積澱在心中的思念故鄉，對於一個「滴不盡、新亭淚。寫不盡、家山意」的詞人，無限思親戀鄉的情懷，怎能隨著滾滾東流逝水而去？

在此，我想起了《蕙風詞話》一段關於詞境的論述，結合琦君的詞文來理解也是頗有意味的：

> 人靜簾垂。燈昏香直。窗外芙蓉殘葉颯颯作秋聲，與砌蟲相和答。據梧冥坐，湛懷息機。每一念起，輒設理想排遣之。乃至萬緣俱寂，吾心忽瑩然開朗如滿月，

肌骨清涼，不知斯世何世也。斯時若有無端哀怨棖觸於萬不得已；即而察之，一切境象全失，唯有小窗虛幌，筆床硯匣，一一在吾目前。此詞境也。

琦君的詞境之美，正是「據梧冥坐，湛懷息機」，進入「萬緣俱寂」的境地，以「輕風吹散，花影婆娑雲影亂」，「落花風雨」，「只落樹寒蛩能說」，「曉風吹斷簾纖雨」，「暗香和月透簾櫳」的自然物象，表達了她「斯時若有無端哀怨棖觸於萬不得已」的情境。

讀琦君的詞文之美，是將生活的經驗世界轉化為心靈的宇宙，使觀賞者宛如輕舟行駛在江流之上，兩岸風光無限，物態生意，激人滿腔情懷，悟得無限美趣靈感。但深察其意，這江畔風景，正是琦君的人生與學識的化身。琦君的詞文，跟她的散文創作藝術一樣，正是以詞境的寓物抒情、感悟季候，流露出思人懷鄉的無限惆悵，表達了深厚的文化情感的意味。

在此，我想起琦君在《詞人之舟》書中，引述了她的恩師夏承燾之語：「你不一定要做詞人，卻必須培養一顆溫柔敦厚、婉轉細膩的詞心。對人間世相，定能別有會心，另見境界。正如你不必是一個宗教信徒，卻必須有一顆虔誠、懇摯的心，才能多多體驗人情，觀察物態。」我們讀琦君的詞，正是有這種美感，使人得到溫柔敦厚的情感薰陶，感悟人生的「體驗人情，觀察物態」。琦君的詞文是借助物化審美意態，以溫柔敦厚，婉約細膩的情感，表述了思人懷鄉的無限惆悵，達到了清真淡雅的境界。詞是文學中語言最精美的，也是情操最溫厚的，情感最豐富的，願我們在欣賞琦君的詞文時，培養一顆「溫柔敦厚，婉轉細膩」的靈心吧！

注釋：

❶ 中國園林文化與中國古典詞學有著密切的內在聯繫。一座精美的園林就是一首精緻的詞文。古代詞人往往是借助於園林建築景觀來表達自己的情懷。比如園林的庭園小徑、梧桐葉落、芭蕉聽雨、梅花疏影、黃昏月淡、苔痕階綠等，皆為園林景觀之象。中國當代文化人鄧雲鄉先生有文載，當代詞學研究家葉嘉瑩先生，從小生活在北京，受到北京四合院的園林般環境的薰陶，這對她後來從事詞學的研究，有著一定的影響。葉嘉瑩先生自己也說少年時代的家中庭園的景物，成為她年少時寫詩的主要題材。她曾有詩云：「記得年時花滿庭，枝梢時見度流螢。而今花落螢飛盡，忍向西風獨自青。」

第三章　琦君的情感世界

清晨，當我們踱步在春天的茶樹叢中，看著一片片翠綠的茶葉上，閃爍著一點點晶瑩的露珠，發射著七色的光芒，感到這是多麼美麗的春天山林啊。我們從露珠的光際上，看到太陽給地球帶來了溫暖和光明。同樣，從一片片凝著露珠的茶葉上，人們可以聯想到，這一片片翠碧的茶葉，感受著豐富多彩的自然世界，是一種植物生命精靈的濃縮，也正是天地宇宙的陽光與雨露靈氣的化身。由此，我們更會想像到，生存在地球上的每一個人，他們的情感與心靈，更是一個廣闊的天地，一片自然的風景。這一片文化情感世界風景，是人生智慧的綜合象徵。琦君作為一位作家，她的情感世界顯得多麼豐富多彩，博大精深。我常常思索著，一個作家或者是藝術家，他們的文學與藝術成就，往往取決於本身表述的文化情感程度。但是，一個作家或者藝術家所表達的情感，又是取決於本身文化情感的豐富性與廣博性。一個人文化情感的廣度與深度，往往來自於對人生的感悟與生命的體驗，以及對人生、社會、歷史的認識和情感積累的維度。

琦君作為一位作家，她那漂泊的人生與坎坷的命運，以及學識的涵養，構築了她情感的豐富性和廣博性。這也就決定了她的文學作品，蘊含文化情感的豐富性。通過觸摸琦君文學作品的情感與心靈的脈搏，以讀者的審美心態，貼近琦君的內心世界，更能夠深入到民族的情感世界和心靈世界，了解那一代文化人的人文精神特質。在本章裡，著重探索琦君的文化情感。為什麼在情感前面加上一個「文化」作為定語呢？因為在此將「文化」作為作家的一個綜合的文學智慧和心靈世界來理解。為了進一步闡述琦君文學理念中的文化情感，讓我們一起走進琦君的文化情感世界，體悟那豐富多彩，無比美妙的文化情感天地。

壹　回憶與鄉愁

科學家說，地球繞著太陽，月亮跟著地球。但是，生活在地球的人，只是感到太陽從東方升起，月亮從西方落下來；太陽從西方落下來，月亮從東方升起來了。究竟是太陽追趕著月亮，還是月亮跟著太陽奔跑？我們看到的只是太陽和月亮在交替著上班，為人類在生生不息地服務著。我們也知道自己的生命，就在這太陽與月亮不斷地交替中，一天一天地在消逝。消逝的歲月，是多麼值得我們去留戀、追憶，或者輓唱。這樣便有了人類對追憶往昔歲月與美好的嚮往，這也包括著對悲哀的感傷追憶。這種追憶，就產生了文學與對文學的閱讀與嚮往。一個人無論處於紅塵鬧市，或者偏僻的天涯海角，當你感到孤獨的時候，就會追憶起往昔的生活與對親友的思念。對於一個在海外漂泊的遊子來說，追憶更是組成他們精神的一個重要部分。琦君就是這樣的作家。她以追憶故鄉往事的廣闊背景，為自己營造一個安妥靈魂的故鄉，也為讀者提供了一個美好的精神家園，並以此作為回報故鄉與故鄉親人的一種深切思想的情感。對生命的歷程追憶永遠是周而復始的。有了追憶故鄉的風景存在，就有了生命精神寄託的家園。她那美麗的文字和蒼涼感傷的情感，以及慈悲善良的心靈，就是通過追憶往昔童年與故鄉的文化風景，來表述一種深沉的鄉愁文化理念。

一、鄉愁是一種情感的追憶

故鄉是琦君精神上的百衲衣，聯綴著每一塊碎布，都是她情感的風塵沉澱在藍靛印花布上，永不褪色的點點生命風痕。對於一個漂泊他鄉的人來說，最可怕的是因故鄉的失落而造成精神的病疾與靈魂的空白。琦君是一位對故鄉充滿著無限熱戀的作家，也是一位喜歡追憶的作家。在她追憶往昔的歲月中，對故鄉的追憶，是她文學創作的一大主題之一。故鄉是屬於琦君自己與自己深切感受到的鄉土文化，是她血肉關聯的生命精神。離開了故土的琦君，更真正地、深切地感受到故鄉，是屬於自己生命一部分的故鄉文化與屬於自己生命精神的源泉。不管故鄉予以她的幸福也好、苦難也好，她是琦君其他感情都無法替代的文化感情。琦君就是隱含著對故鄉幸福與痛苦的感情，去追憶她、感悟她、讚美她。我們把故鄉的情結，或者說是鄉愁的情結，這種情結本身就是一種文化情感所蘊含的地域文化性。我們常說愛國主義精神，愛國主義精神其實就是一種對家鄉或民族文化情感，提升到人的精神意志，再由人的精神意志昇華到人的思想境界。沒有文化情感就不可能產生人的精神意志和思想境界。文化情感來自於生活中的人，受到千百年以來，以地域文化積澱起來的文化精神影響。這種文化情感來源於文化的歷史性與生活的境域性。所謂文化的地域歷史性，是指一個地域經過歷史積澱起來的人文禮儀和宗教巫術以及民情風俗；這種地域文化歷史積澱得越豐富、越深厚，爆發出來的衝動力越強烈、越具有文化意味。所謂個體文化生活的境域性，就是指對生活環境的地理物候和風土人情的情感感受。這種文化情感的感受越深沉就越具有情感的豐富性，這種情感越具有豐富性也就越具有藝術的生命力。因此，鄉愁是一種愛國主義情感的結晶。我們可以講鄉愁是現在時間對往逝時間的追憶，是一個生活空間對另一個生活空間的留戀。這種追憶和留戀是以地域文化作為基本的精神生命力量。從這種角度來理解，童年的時代背景與地域文化對於琦君來講，具有極為重要的潛在文學創作的效應。離開了這一點，對於任何一位作家的研究，就很難抓住切入點，也不可能把握住文學精神的要津。

　　鄉愁是一種情感的追憶。可以說在琦君文學作品的繭中，鄉愁是一條重要的絲頭，其他的絲兒，都是由這個絲頭帶動起來的。所以說故鄉的文化情結，是琦君文學創作的主要原動力之一。臺灣作家余光中曾經說過像梁實秋、張愛玲兩位作家不論住在那裡，他們的文章一點也不受外在環境的影響，表現的情懷永遠是中國人的感情。琦君也正是這樣一位具有濃厚中國情懷的作家。她對故鄉的情結，不僅是一種地理上的鄉愁，而更重要的是一種文化上的鄉愁。琦君正是將生命的投影，經過時空的沖洗，留下模糊而清晰的遠景，進行了富有詩意的回憶。文學的力量來源於回歸原始情感的思索。人生暮年最高的境界，是回想童年的生活，使每一個細節都照亮了原始生命的精神陽光。故鄉一陣灰湯粽的香氣，一滴楊梅的甜汁，一杯山泉的清水，一片田野的平疇，一聲廟會的戲語，都會觸及琦君的心靈，使她亟力去找回自己童年的情感。這也正是人生飽經風霜之後情感的標識，保存著生命本質的迷人魅力之處。琦君的文學成就也正是以自己的人生滄桑和生命時空，對故鄉有了深度感受之後的情感，使人們讀她的文學作品，而從自己的身上，喚醒一種嶄新的、鮮活的記憶陽光。這正如琦君所語：「回憶童年，使我忘憂、忘老；也使我更有信心與毅力，面對現在與將來。因為我彷彿覺得，當年愛護我、教育我的長輩親人，仍時刻在我身邊。」

二、鄉愁是一顆石榴果

我小時候很喜愛吃石榴果。成熟的石榴果，裂開了紅豔豔的笑臉，露出了一顆顆小小的晶瑩的小瓣籽。童年時代，難能可貴的吃到石榴果，坐在門檻上，挖一顆小瓣籽，吃一顆小瓣籽，慢慢地一顆顆地品味著。那一顆顆小瓣籽，有著多維滋味的口感，它不同於一般水果的純味性，叫你只是感到好吃，卻說不出其間多維的、多味性的滋味。琦君故鄉的溫州人，特別喜歡石榴果，凡是人家婚嫁喜事，買不到新鮮的石榴果，就製作大大小小的糖石榴，互相贈送，象徵多子多福。我常常由此而想到，一個人的豐富文化情感就是一種多維滋味的石榴果。讀琦君的散文或者小說所表述的一種鄉愁情懷，就有這麼一種石榴果的滋味美感。誠然，結成琦君鄉愁情感的石榴果，是她自己生命的陽光與雨露滋潤成長的。如果說生活就是一顆顆小小的石榴瓣籽組成的多滋多味，那麼，琦君的鄉愁文化情感就是一棵石榴樹。

琦君那經過人生滄桑過後的鄉愁情懷，有了深刻的文化情感體驗之後，此時的鄉愁就成了一顆多味的石榴果。當她的生命滄桑從斑斕走向平淡後的清靜，此時的心境，也就成為一潭風雨後的清泉，她那鄉愁的文化情懷，正是體現了一種「秋水文章不染塵」的境界。

故鄉的山水田園、景物風情是琦君表述鄉愁的題材之一。她那寫法隨意而細膩的散文，在空靈中寄託著沉重的生活感受和深切的生命體驗，無處不令人感受到她對故鄉的依戀、守望、牽掛與情懷，對往昔歲月的安撫和生命的詠嘆。她漂泊在海外，對故鄉的山水風光和親情的孤寂凝望，寄書無望，惆悵無窮的無限愁思，也深深地滲入到對鄉間田園風光的回憶，她常常借助故鄉山色蒼茫的田野風光，來隱抒自己企盼家國早日統一的情感。

讓我們帶著這種心情去朗讀琦君筆下的故鄉風光，自有動人的追憶故鄉之美：

> 在鄉間，我們的房子座落在一望無際的綠野平疇中，平疇之外有蔥翠的群山環繞，前門小徑出去數十步就是一灣蔚藍色的溪流。春風和暖的天氣，父親每愛在夕陽裡，帶我到亭亭的菜花麥浪中散步，父親在前面策杖閒吟，我在後面搖頭擺尾地跟著背《千家詩》。（〈油鼻子與父親的旱煙筒〉）

由此，琦君殷切盼望「以壯健的身心，回到故鄉」，「享受壯闊山水田園之美，呼吸芬芳靜謐的空氣」。故鄉杭州西湖的雨韻笛聲，雪裡梅花，芬芳桂花，清露荷花，是琦君筆下抒情的載體。她喜歡雨中聽笛：「煙雨迷濛中的西湖，宜於吹笛」，那「笛聲又起，與瀟瀟雨聲相和」。「二十年了，那笛聲低沉而遙遠，然而我，仍能依稀聽見，在雨中」（〈下雨天，真好〉）。雨中的笛聲，傳遞著鄉戀的神韻，在琦君的心靈中，是多麼的魂牽夢縈。故鄉溫州瞿溪農曆正月初七、八的迎神提燈廟會，那「紅燈籠的光影，晃晃蕩蕩地映在雪地上，真的就暖和起來了」。雪裡的梅花，在她鄉情記憶裡，永遠是美麗神往的。特別是那「雪後初晴，春寒料峭，我又神馳於杭州舊宅中那株綠梅。數十年的刻骨嚴寒，它定當傲岸如故吧」（〈春雪．梅花〉）。童年的家鄉，在「花雨繽紛入夢甜」的歲月裡，「一陣風吹來，桂花就紛紛落在我頭上、肩上，我就好開心」（〈桂花滷．桂花茶〉）。但是，「不知何故，桂花最引我鄉愁。在臺灣很少聞到桂花香，可是鄉愁卻更濃重了」。西湖的荷花很美。圓荷滴露寄相思。「船兒在圓圓的荷葉之間穿來穿去，波光蕩漾中」，「頭頂上綠雲微動，清香的湖風輕柔地吹拂著面頰。耳中聽遠處笙歌，抬眼望天空的淡月疏星」（〈西湖憶舊〉）。琦君在美國不想喝茶，而愛喝礦泉水，以此回憶故鄉山泉的清甜意味。這是多麼感人的鄉思。這種鄉思，只能在心靈上得以一種無奈的藉慰。正如琦君所說：「說實在的，即使是真正天然礦泉水，飲啜起來，在感覺上，在心情上比起大陸故

鄉的水，和安居了三十多年第二故鄉臺灣的水，能一樣的清洌甘美嗎？」（〈水是故鄉甜〉）

琦君的散文所表現的鄉愁，是一個時代鄉愁的苦悶、迷惘與哀傷之情，集中的體現了那個時代人的精神縮影。但她沒有以低落與衰頹的氣息來抒發幽哀的情懷，而是以追憶美好的過去，撫慰鄉愁內心深處的空茫、迷惘與憂傷。初讀她的散文使人感到所蘊含的性靈情致的藝術意味，在個人感情天地中回旋。但深化理解悟思，她的作品不光是對眼前景物或時序的感嘆，而是喚起人們對整個世界和人世、社會許多情戀相思的哲學意味。它所意蘊的深刻哲理，遠出同時代的散文大家之上，在於她感慨之深，從人生與文學修養造詣熔鑄其精神氣象，透過她的深銳感受，豐富了人生意蘊和人世諸相，寫出人間無常普遍悲苦鄉戀的纏綿真摯，純情高潔，淨化了文風和讀者的心田。

三、鄉愁是一種精神的寄託

一九九六年一個初冬的傍晚，我站在溫州楠溪江的芙蓉山下，遠遠地看去，山坳間站立著二、三棵高大的柿樹，落光了枯葉，伸展著光禿的枝杈。在落日的輝煌襯托下，我忽然發現有一顆紅豔豔的柿果，孤零零地掛在一枝小小的樹梢間。這一顆紅紅的小柿子，獨豔於荒涼的山坳間，放射著冬天生命的光華！它一定能夠度過殘冬的風雪，迎來一個明媚的春天。其實，在這個初冬的寒風中，柿樹枝頭已經開始孕育著春天的綠意。有了這麼唯一的一顆小柿子，頓時，在我的心靈中產生了無限的憧憬與希冀。黃昏，輝煌的大太陽，映襯著一枝樹梢間，閃耀著紅豔的小柿子！這是多麼蒼涼而壯觀的景象啊！一個人在漂泊無依的生命困頓中，多麼需要有這麼一顆小柿子的紅豔，溫暖那寂寞鄉愁的心靈啊！生命正是需要這麼一種由感性轉化為理性的精神寄託。如果說琦君的文學是表達自己心靈的鄉愁，那麼她這種情感的鄉愁則是給那些漂泊無依人生的人，予以無限的精神寄託。

琦君的鄉愁情懷，還表現在小說的創作方面，我們讀琦君的小說，發現她的小說所表現的題材跟她所處的時代生活環境有著極為密切的聯繫。她的小說作品裡，有不少題材所表述的故事裡面人物的命運、性格、憂慮的生命焦點，往往是因戰爭造成大陸與臺灣的相隔而形成一種親人離別，天各一方的痛苦憂傷、悲哀的鄉愁。這種痛苦的憂傷、悲哀，正是二十世紀中國因外國列強侵入與中國內部政治因素，造成了一場場不休止的戰爭。戰爭給人類帶來許多意想不到的親人流離失所、家遭變故的種種痛苦，只有親受其害的人，才能有刻骨銘心的體驗和感受。從這個角度來審視琦君的小說所揭示愛情或人倫秩序、人性感受諸方面的鄉愁文化內涵，正是對人類命運的關注。這種關注隱含了琦君作品所具有豐富的文化情感或對戰爭與人類博愛與情愛的理性思索。給那個時代遭遇不幸與災難的人們，安妥了他們痛苦的心靈，寄託了無限深沉的文化鄉愁。因此，琦君文學作品的文化之「化」是具有重要的社會美育功能。

戰爭給人民帶來災難和憂傷，從災難和憂傷中尋找愛情，來擺脫精神的痛苦；在回憶故鄉的情感中，產生情感精神力量，排除在激越思念中的精神痛苦。這是琦君小說的另一個重要主題。在她的小說裡反映了一批從大陸到臺灣的人們，為了從漂泊中得到心靈的安慰，從離散親人中得到精神安慰，往往以生活中的愛情來填補感情空茫的空間，從鄉愁中獲以精神的寄託。〈遲暮心〉寫一位四十歲的老處女，從大陸漂泊到臺灣，好不容易才找到一位可寄託的丈夫，組成一個生活安定的家庭。〈繡香袋〉裡寫一位名叫鄭清松的醫生，在臺灣因車撞倒了童年的朋友陳春生。通過陳春生終於見到自己在大陸曾單思苦戀了二十年的女友玉芬，但是，玉芬和陳春生已經結成夫妻，組成了美滿的家庭。玉芬對鄭清松有著深情的戀愛，對丈夫卻有著始終堅貞如一的純情。玉芬是一位具有東方美德的女性，為了丈夫和家庭，也為了社會的安定秩序，卻寧願犧牲自己的愛情，使他人與自身獲得心靈的安寧。以倫理的理性戰勝了愛情狂熱的鄭清松，在鄉愁的苦戀中，以另一種方式獲以精神的寄託，這是多麼可貴的人格力量。

琦君小說〈長溝流月去無聲〉，以詩境來抒情，以詩理來表述人生，以詩情來緬懷遠方的情人，從而表現愛就是這麼深沉，愛就是這麼一種人生的緣分，愛就是這麼叫人難以捉摸猜透，愛就是這麼一種無奈的惆悵。「長溝流月去無聲，杏花疏影裡，弄笛到天明。」這宛如小說主人公婉若所聽到情人的悠揚呼喚：「我也喜歡這三句詞，這表示一種執著的情操。儘管長溝中月影，無聲地流去，而她只顧弄笛，忘了夜深，忘了時光的流轉，不覺已到了天明。這是風露終宵之意，你覺得如何呢？」生命為愛而活，為情而戀，生活中不能沒有愛情。但愛與情所構成性與情的兩大基礎，有時往往需要以理性支配著愛情，向著超邁的境界前進。主人公婉若對相隔十四年的大陸情人孫心逸的無限思戀，在一片痛苦的惆悵無奈中，與思戀她的表弟終成姻緣。這一種情愛加鄉愁的痛苦，是多麼的深沉。這些小說是以愛情為基礎，表達了鄉愁文化情感的豐富性，給當時從大陸漂泊到臺灣的讀者從中得到了心靈的寄託。

琦君在臺灣的散文與小說創作，正是跟二十世紀中期到臺灣的大批大陸作家一樣，寫下了大量的文學作品。這些具有中國文化內涵的文學作品，不僅僅安妥了許多離鄉背井的思鄉靈魂，使他們從中得到了精神的寄託，而且更大的歷史性作用是填補了當時臺灣人民文化與審美的心靈空間。琦君的文學作品在整個臺灣的影響與薰陶，是具有多層次、深層次的文化心理感應。這種文化心靈的感應，具有社會美育功能的意義。這是對中國歷史性文化建設的一大貢獻。

貳　慈悲與憐憫

為了使一滴水，永不乾涸，佛祖有語：將它放到大海裡去！洶湧澎湃的大海，或者是清澈溪流，皆由一滴水一滴水的融和而成。組成了大海與清溪的小水珠，本身就是分不開尊卑貴賤的身分。人類個體的生命也只有不分尊卑貴賤，融和到社會的整體中，才能得到恆久的生存。大海發出豪情凱歌，小溪唱出清韻小曲，靠的就是集體的融和力量。一個高度協調與和諧的社會，就是需要人人之間的關愛和互助，同情和理解的調和，更需要慈悲和憐憫的人性關懷。如果說人生與人際交往，是一種生命的緣分，或者更高層次來說是一種天意的安排，那麼人與生物相互之間存在與賴以生存的關係，也是一種緣分與天意。隨緣感應，隨緣相聚，自然也有隨緣飄散，隨緣分離。人不僅僅對人類自己要講慈悲與憐憫，而且也要珍惜人與生物的一番緣情。從這一角度出發，我們認識理解琦君的慈悲與憐憫，則是多維度的多方位的人文意識。也就是說琦君的慈悲與憐憫，不僅僅體現在人際關係，而且還表現在對生物的關懷與愛護。

下面就關琦君文學作品中，表現的慈悲與人文關懷，憐憫與倫理道德意識，以及對生物的護生意識，進行一番論述。

一、悲憐與人文關懷

誠然，一個人對他人的慈悲與憐憫，應該建立在理解人性的基點上，我們知道人性是人在社會活動中，表現出生命的全部自然屬性。它包括著人的食慾、性慾與物慾，以及善良、愛情、悲憫、邪惡、任性、陰險等方面的心靈與情感。琦君所表現的人性是有著個體主觀心理、情感和思維的審美情趣、價值觀念等綜合文化理性所表現的心靈世界。

在琦君筆下所表現的人性，往往以自覺的理性，投注於關懷社會、理解社會，較少以扭曲人性的形象來表述自私的殘暴與無情。特別是她對低級階層的理解與同情，往往擁有可貴的人文關懷。她就是在描述戰爭和離鄉背井所出現的愛情分離悲劇，與置身於歷盡磨難的創傷心靈，也是表現出在人倫規範下，呈示出愛情無限伸展性的理解，對人性意識的覺醒，意識到對不幸遭遇的人，深表同情和關愛。當然，她在小說〈橘子紅了〉和〈七月的哀傷〉裡，也寫出了一些人的貪婪、嫉妬、憎恨、變態的性情。

在琦君筆下無論是表現反映社會問題的題材或是表現人倫、人性的愛情，總是以社會的倫理道德作為一種輿論的導向。在她那溫柔與仁慈的心靈裡，總是寄寓著對弱者的人文關懷，對愛情遵循社會倫理道德的秩序。對弱者的人文關懷，是人類社會文明進步的標誌，高尚人性的體現。秩序是社會文明與穩定的需要，具有人倫、人性、人道的秩序是人人必須遵守的倫理道德規範。琦君彷彿將此作為作家自身的良知與責任感。我們從上述對琦君小說筆下的人物劉大夫和婉瑩的愛情，張老師和小美的父親戀愛，從「我」與姊夫之間相愛，都以此作為小說的題旨，引導讀者走向美好生活，以自身的社會責任感來看待愛情的社會性。正因為如此，從琦君的小說裡，我們往往會看到愛情的陽光與幸福的「光明尾巴」。除了在〈橘子紅了〉小說的結束，寫到三姨太因難產而死，令人對那個社會與人際的黑暗有著震撼人的心靈力度之外，其他的作品往往沒有這種給人以靈魂深處的強烈震撼力。從這種意義上理解，琦君的小說對臺灣二十世紀六、七〇年代社會文化正趨向於「西化」文化衝擊下，特別是對以性解放為主導的愛情文化衝擊下，發揮了很好的先導性審美教育作用。這也是琦君作為作家的社會責任感，她並以文學創作作為自己所應該具有前沿性的文化功能的社會審美效應。作家的人文關懷，最後還是落實到社會關懷上，從歷史的眼光來看，這不能不使我們為琦君作為作家的社會良知和她所具有遠見卓識的敏銳睿智而感到敬佩。

琦君小說創作的人文關懷的大悲憫意識，是她筆下的一個重要的題旨。這正如琦君的恩師夏承燾對她的教誨「對人要有佛家憐憫心腸，不得著一分憎恨」。「請以微笑之智慧，面對煩惱，磨刮出心靈之光輝」。她正是以這樣的心態與社會良知去寫小說。因此，她所描寫的故事情節和人物情感，往往傾注著對弱勢的關愛、理解、同情。比如，她筆下的小丫頭阿玉、公務員金推事等等，他們社會地位的低下和人格情操的善良形成鮮明對照，由於他們的命運遭遇不幸而心靈高尚，引發讀者注入深切的同情與理解。同時，這種悲憫的美學意識還體現在她對人性與社會倫理的關注。在她筆下常常出現「缺陷的人生是一種多麼甜蜜的痛苦」般的愛情，在人性本能上的追求，往往以理性超越慾望至上的陷阱，為社會營造一個良好的人倫美德秩序。

在琦君小說傳達悲憫意識過程中，也常常傳遞著一種惆悵無奈的情感，使人感到人生愛情處於交叉的多維度情感矛盾之中，感受到一種淒涼的悲哀。這種淒涼的悲哀，往往給人以無限的聯想和感慨。這是琦君的小說有別其他作家之處，在於她的作品含蓄裡透露出茫茫的無盡情思的情感。

讀琦君的小說，使我們彷彿走進一個非常美麗而淒涼的世界，這個世界裡面儘管有醜惡的現實存在，但在這個醜惡的存在裡面，她往往以自然美的描述，把我們的視線引進一個月白風輕的世界，給人們從美的感知體悟中美化心靈，淨化靈魂，綠化精神家園。從美中感悟美而發現美效仿美，從醜惡中感知醜惡而鞭撻醜惡。比如琦君在〈父親〉一文中寫道：

一九三七年中日戰爭爆發，舉家不得不避亂回故鄉。……忠僕陳勝德自願留守杭

> 州寓所，照顧書籍。……不久忽然傳來謠言，說杭州寓所被日軍焚毀，陳勝德也遇難。……次日忽然發現胡雲皋走了。他留下一信稟告父親，為了替父親杭州的住宅一探究竟，也為了親如兄弟的陳勝德存亡確訊，他一定要回杭州去看看，希望能帶了平安消息歸來。可是他一走就音訊杳然，據傳亦被日軍所害。從那以後，我永遠沒有再見陳勝德和胡雲皋這兩位忠實的朋友。

在這段文字中，除了表現出陳勝德和胡雲皋的人格之美，也鞭撻了日軍殘暴的行為。這兩種審美表現方法，作為一位作家無論採取那一種方法，都是一種善良的願望，使生活與社會美起來。誠然，琦君採取前一種方法，使讀者從美中感悟美，把美帶到生活中去。這跟琦君整個文化背景是聯繫在一起的。這跟琦君慈悲和溫柔的性格，與文學藝術的詞境都有著內在的統一。

這種悲憫意識來自於她童年母愛家教的文化薰陶，來自於恩師夏承燾的教誨，來自於中國傳統儒家文化精神的涵養，來自於一位作家自身良知的感悟，肩負起對人類社會高度文明的責任感。我們將作家的社會良知提升到「人類靈魂的工程師」來認識，作為有良知的作家，總是以悲憫意識來美化人類心靈，來證明自身作品所存在的價值意義。琦君的悲憫意識是具有政治層次、時代悲劇、性格命運的多層次人文關懷蘊意。在當前物慾横流的時代，琦君這種悲憫意識的文學審美意義，更是值得當今作家注意的地方。

二、慈悲與倫理道德

琦君的母親是一位受中國儒家文化與佛教文化所「化」的女性。她的慈悲、善良、寬容、賢慧等，代表了中華民族女性傳統文化精神所在，是具有較高層次的慈悲倫理道德。母親十分同情勞苦大眾，關心勞苦大眾。下雨天，母親請瞎子唱鼓詞，她總是「盛一大碗滿滿的白米飯，請瞎子先生吃」（〈下雨天，真好〉）。她具有寬容的胸襟，當丈夫的二房姨太來臨，母親獨自默默地忍受著精神的折磨，對丈夫的一往情深，將痛苦潛伏在內心深處。這種東方女性以忍受自己的內心痛苦，給他人獲以幸福的性情，對於西方人來說簡直是不可思議。

少年的薰陶教育，給琦君帶來了終生的善化感應。受到母親的佛教思想影響，琦君的大悲憫意識，在文學創作審美中占有十分重要的位置。這種悲憫意識支配著琦君的文化審美意態，她十分同情理解和關愛生活中弱勢者的生存環境與社會地位。母親告誡小琦君要記住朱柏廬先生有語「與肩挑貿易，毋占便宜」。她從小就對「滿臉的風霜，和他謙卑的笑容，傴僂的背景」的挑賣山薯的人，總注以關憐之愛。她在散文〈歲暮心〉裡寫著在美國生活時，「想到我們更多苦難的老人，還在另一個非人世界中掙扎，在此天寒地凍的隆冬，也許就在冰霜風雪中倒下去永不再醒來。這個世界為何如此悲慘。但不知何日河清，使溫煦的陽光可以普照人間。」對弱者的哀憐的悲憫，無形中表現出一種控訴社會和醜惡人性之處，也表現出對生活充滿著熱愛，對生命充滿著關懷，對苦難充滿著悲憫。在愛情方面，她也給予弱者注入深刻的關懷與同情。從某種角度上說，琦君的小說是強調純情至上，但是這種純情意識又往往從人性的理念出發，給予弱者以深沉的關愛。她以細膩的感受和博大的同情心，通過想像、記憶、希望、情緒而奔放出來，散發著人性的溫暖和光輝。

悲憫與純情不僅僅成為琦君文學作品的一個重要精神內涵，而且這種悲憫和純情的意識，也是支配著琦君生活中對身邊低級階層的同情關心。琦君的文學作品，無論是散文或者是小說，始終都是滲透著一種悲憫意識。這種悲憫意識就是佛學精神的具體表現。

比如，她在散文〈一襲青衫〉中，寫梁先生的一生行藏、品德是多麼的動人：梁先生為了給父母做墳，一生節省金錢，「一直沒有娶親」，「他沒有新衣服，臨終時只要求把那件褪了色淡青湖縐綢長衫給他穿上，因為那是他父親的遺物」。這種對父親的敬仰的高貴倫理品德，是多麼的可愛。從梁先生的命運與人格魅力中，透露出一種淡淡的哀傷，使人產生深刻悲憫美感。還有她對〈碎了的水晶盤〉裡三叔婆的愛情悲劇，以及生活中阿榮伯、阿標叔、寶松師傅等生活在底層的勞動者，注以同情與理解他們的生活境況，以一種平等的人格與倫理道德看待他們的人生美德。從這些文章中，散發出一股股人間溫暖的人際熱流。

琦君是一位真正領略佛家慈悲為懷、儒家忠恕之道的作家。在她的生命中根植著善良、節儉、博愛、忍讓的倫理道德意識。琦君在生活中，也是以佛教的精神來調整自己的心態。她曾說過：「有時，我寫倦了，也喜歡閉上眼睛用家鄉話背誦小時候母親教我的一些《孩兒經》、《乾菜經》、《月光經》、《太陽經》等來調劑一下。」我們讀琦君的文學作品，就會感受到一種博大的胸襟蘊存著寬厚的精神氣息。這正是「對人要有佛家憐憫心腸，不得有一分憎恨」。

悲憐意識跟人們的倫理道德規範有著直接的聯繫。人性與生命的本質和生活的現實，都應該強調理性在人性方面所起主導的作用，為的是協調與融和人類大社會而犧牲個人的暫時幸福。並不突出個人的享樂主義和人性的自由，超越社會的倫理規範和社會安定的最後底線。這樣，在現實生活中的人，需要內在的道德修養來提高自己的人生品位。讓德性與智慧來指導和駕馭生活的行為，排除自私的物慾，使自身內在心靈深處和外在人類社會的廣度與物質生活及人性慾望相統一起來，看待人生，以此作為調劑和平衡人的社會化功能。這是琦君文學創作中所表現的另一個題旨，企盼通過文學藝術形式的載體，對現代人性人情的審美起到補偏救弊的功能，具有很高的人性審美意義。

在當前物慾橫流的時代，更是需要人性的審美教育，來優化人性的悲憐美德，對個人的家庭與社會要有一份實實在在的責任感。這樣才能使人們擺脫各種物慾的誘惑，以嶄新的現代精神面貌，協調於社會發展，為社會創造價值的同時，證明自身存在的價值意義。

三、憐憫與護生意識

人類生活在地球上，需要生物作伴，並與之交流。這不僅僅是人類一種情感上的需要，生物鏈告訴人類，人類的存在，更需要和生物永恆擁有共同的天地世界。沒有了生物，也就沒有了人類生存的可能。二〇〇三年的春夏之交，一場突如其來的SARS，引起了全球人類的驚慌與恐懼之後，關愛野生動物、尊重生物的倫理道德，引起了全球有識之士的高度關注與思考。現代人在邁向現代的社會，更是多麼需要對生物有憐憫和護生的意識。

早在二十世紀的三〇年代，豐子愷先生為弘一法師做壽畫了一本護生畫冊，用意在喚醒人們對生物生命的尊重與關憐。而且更重要的是，善化了天底下大眾的慈悲與憐憫的情感。一個人對一隻小小的螞蟻，也產生了慈悲的憐愛之心，難道對人還會做出殘忍不道的惡事嗎？我們今天來理解琦君的護生意識，也就是賦予一種新的護生理念，讓現代人更好地去關愛生物，讓人類與生物一起走向現代的生活中去。

琦君從小受到佛教的影響，培養了她一顆菩薩心腸。母親教導琦君和她的哥哥要愛惜小動物，就是在走路的時候，也要注意不能隨意踩踏小螞蟻。每逢過年過節，要殺雞宰豬時，母親就念著《往生咒》。母親每天摘新鮮的玉蘭花供佛，將自己喝完的桂花茶渣倒在開放桂花的桂樹下面。這種對花草樹木的生態意識，是多麼令人可敬！

這種菩薩心腸，不僅僅影響了她對生物的愛憐，從不隨意殘害生靈，而且使她的文學作品裡，充滿著悲憫意識。

母親是一個典型東方女性美德的善良慈祥的代表。母親曾諄諄訓誨她：「牛羊在被宰前會把雙腿跪下，淌下眼淚，哀求你不要殺牠。田雞在被捉到手裡時會用雙手捧住頭，以為可以躲過那殘忍的一刀。動物都有知覺，纖細像微塵似的生命都有知覺，有痛苦，有憎恨。」「愛護一切有生命的東西，要時時刻刻存一顆慈悲的心。」（〈慈悲為懷〉）母親還講從前，有姐弟在逃難中，被強盜追趕得緊，姐弟倆為了不撕破一個山洞口的蜘蛛網，從網底下爬過去，沒有破壞蜘蛛辛勤布織的絲網。後來，趕到現場的強盜，看見洞口的蜘蛛網沒破，以為姐弟倆逃遠了。姐弟倆因在大難關頭，首先想到的是保護蜘蛛網而逃過一劫。這個故事深深地留在琦君的記憶裡。

琦君的啟蒙師葉巨雄是一位典型的佛教徒，蚊子叮在腿上，也不許用手去拍，至多可以用嘴輕輕地一吹，讓牠揚長而去。老師是虔誠的佛教信仰者，他終日茹素以外，每月還有六天齋期，過午不食。殺生更是大忌特忌。他「仁民愛物」，教琦君走路也要小心翼翼，以免踏死小螞蟻。他自己捉到小跳蚤，用碎紙片包好，插入木板縫中。這種舉止雖然難免有些迂腐得不近人情，但在琦君的幼小心靈中卻發生了潛移默化的作用。小琦君過生日的時候，老師給她放假一天，但要她跪在佛前念三遍《白衣咒》，一遍《心經》。新年裡，要她每天大清早套上一串念佛珠，跟著他敲小木魚念阿彌陀佛團團轉上十圈，才給她「放生」。

少年的琦君就下決心：「我要吃素。」她把哥哥辛苦捉來的小蜻蜓等小昆蟲，悄悄地放生了。她在散文〈放生〉裡寫一隻可憐的老龜，在大熱天，被人推著要高價賣出去。「在如炙的烈陽下，大烏龜的背殼，泛著枯乾的土黃色。笨拙的身軀，困頓地移動著。半個頭伸在殼外，無力地向左右緩緩擺動。眼角滿是粘膜，嘴微微張闔著，似在向人類求援，看來牠一定離開大海很多天了。我真是好不忍，恨不得捧一桶水淋在牠身上，使牠能得片刻清涼。可是我竟一點辦法也沒有，只顫聲地問那男人：『牠這樣不會枯死嗎？』」她在〈貓緣〉裡寫自己為一隻落野的母貓和一群小貓餵食，安排住處。因為自己家的住宿擁擠，無處使貓安身，最後，將這群貓全家交付幼兒園裡的孩子們才放心。她與貓的這份特殊情感，令人動容。她去美國之後，貓在臺灣「牠每天對著我的床鋪淒淒苦苦地叫，牠不肯吃不是我特別為牠煮的魚飯，不肯喝不是我特地為牠開水龍頭所滴下的活水，寧可渴死、餓死」。她在〈好生之德〉一文裡，談到她的啟蒙老師是位虔誠的佛教徒，他向琦君講解《論語》時說，孔子提出一個「仁」字，教人要將心比心，推己及人。試看「仁」字是从二从人，一個「人」指自己，另一個「人」包括所有的人類以及有知覺有生命的眾生。所以我們要由親親而仁民而愛物。這與佛教的「慈悲」宗旨正相吻合。老師教她背唐人白居易的詩：「莫道眾生性命微，一般骨肉一般皮。勸君莫射枝頭鳥，子在巢中望母歸。」琦君對小動物的關愛與悲憫之心，使人想起弘一法師在溫州給豐子愷信中寫的白話詩：「倘使羊識字，淚珠落如雨。口雖不能言，心中暗叫苦。」「好花經摧折，曾無幾日香。憔悴剩殘姿，明朝棄道旁。」「喜氣溢門楣，如何慘殺戮。唯欲家人歡，那管畜生哭。」

琦君很關愛小生物，她平時喜歡吃素。二〇〇一年，她和丈夫李唐基先生一起回故鄉溫州時，我有幸隨之接待，發現她從不吃牛肉與田雞肉，食間看見用竹籤串成的精鹽紅蝦和鐵板燙石鮮蝦時，雙掌合一，口念：阿彌陀佛。琦君與她的丈夫李唐基先生無論生活在臺灣或定居在美國，在他們的家裡，從不藥殺蟑螂。她很喜愛養小貓小狗，並將牠們視為朋友。

琦君在她的〈慈悲為懷〉一文中寫道：在菜場上「我實在不忍心看田雞雪白如初生嬰兒的身體，抽動著四肢，躺在血泊中。鱔魚被撕裂成血淋淋的一條條，扭纏在一起。鰱魚身首異處，而嘴巴與鰓仍在一開一合。」琦君還講到，獵人假裝凍死在雪地上，雪貂以身體暖氣救人時，獵人卻出其不意地將牠逮住。人類以惡行對待善解人意的靈性動物，豈不悲乎？琦君說自己「天性愛貓，到臺灣以來，一直都養貓」。每次搬家，「最後一件行李就是我手中提著的小木箱，裡面是咪咪唔直叫的貓」。琦君有語：「人是免不了有不快樂的時候的，也有寂寞的時候的。在你最最不快樂、或真正感到寂寞的時候，只有狗才是你最最好的伴侶。你不用跟牠說一句話，彼此默默相對，牠忠實的眼神望著你，就能為你分擔憂愁。」（〈心中愛犬〉）

悲憫的意識是一種生命的意識。生命的意識來自於對萬物生靈的尊重與關懷。通生物之性靈的人，才能更好地通感人性的心靈。護生能善化感化一個人的心靈，在當今物慾橫流的社會裡，多一點對生物的關愛，不僅僅是對人類自身生態環境保護有著潛在的作用，而且對於善化感化人的心靈，是不可缺少的生態教育。

叁　愛情與家庭

愛情是家庭的精神支柱，家庭是社會的細胞。愛情滋潤著家庭的花園，家庭是愛情的避風港。生活中不能沒有愛情，鮮豔的愛情之花，會結成家庭的豐碩果實。一個健康的愛情生命，生長著性與情兩根長長的藤蔓。家庭正是這兩根藤蔓上的果實。愛情是條長青藤，家庭就是藤上的瓜。瓜兒離不開藤，藤兒離不開瓜；藤兒越壯，瓜兒越大。

在琦君的文學作品裡，我們可以發現，她對愛情與家庭的認識，正是藤兒與瓜兩者相互聯繫的內在關係。在她筆下的愛情與家庭，會出現藤兒長綠不衰，促進瓜兒長得越壯。生活中的琦君，對愛情是執著的追求純美。她與李唐基先生純潔至美的愛情，組成了一個極為圓美幸福、洋溢詩意的家庭。生活中的琦君，對待愛情與家庭，跟她的文學創作是一致的，讓我們走進琦君文學作品的愛情裡面去，感受家庭的社會美德吧！

一、愛情是家庭的長青藤

愛情歷來是作家表現的一個重要主題。琦君對愛情的描寫有著自己的倫理道德標準。以心靈深邃的愛，獲得幸福的愛，是一種難得的，也許是超越生活的幸福愛情。人有時候需要從孤獨的自我中學會愛自己和尊重他人。儘管生活中對自己造成創傷是自己心靈的事，但不能以給他人造成創傷來彌補或者融合自己因愛情所造成的傷痛。每一個人都有自己心靈的宇宙。要尊重每一個人的心靈宇宙，這是每一個人應該有的心靈美德。一個人為了自己的愛情而享福，毀滅他人的生活與幸福的宇宙，是多麼的可恥！一切眾生隨緣而感應著愛情的心靈，表示著諸法無我的境界。琦君就是以此作為文化精神來描繪她那個時代的愛情與女性鮮明個性的內心隱密的情感、情緒和感覺。在她筆下的大部分主人公沒有以女性與男性的特權（〈橘子紅了〉例外），來表現人性的劣根性，而是以人性的本能和社會自然發展過程，表現人物的生命與愛情存在的自在性。作為異性相戀的愛情所構成的特徵，具有性與愛的兩大基礎。從狹義的夫妻愛情來理解，沒有性自然也沒有愛（指愛情的初級階段），沒有愛只有性，屬於「濫淫」的性刺激快感。在琦君的小說裡，是以愛作為愛情的最高標準，而性則退之為次要。無論在她創作的〈長相憶〉、〈永恆的愛〉，或者〈失落的夢〉、〈姊夫〉等小說，都是以愛為至上，表達一種情的純潔與高尚。她在表達愛情上，又往往以情的細膩描述來表現愛的深度。琦君是注重於情的描述，或說是以人物的心理活動來表述情的豐富性，而達到愛的情感高潮。有情才有愛，光有愛而無情不是愛情。這猶如沒有陽光與雨露的鮮花，終會凋謝的。僅有情而無愛，短暫的情感快樂，轉瞬即逝，這是無聊乏味的感情。

琦君有時往往是以情感的天性感悟異性的內在魅力，把愛情作為一種愛美行善的心靈寄託，昇華愛情的境界。〈菁姐〉寫哥弟倆同對菁姐的愛慕。哥和菁姐有一段戀情，哥出國有了外遇，冷落了菁姐。後來父親提出讓弟去愛菁姐。可是，菁姐把愛深深地留在心裡。菁姐說：「有過去的一段生活留給我回味已足夠了，如果往事真是那麼容易遺忘的話，愛情就不會令人狂喜或苦痛了。」〈紫羅蘭的芬芳〉是一種培養感傷的愛情。寫一位哥哥已經去世的弟弟對兄嫂的愛，衝破世俗觀念，弟弟娶嫂子為妻。〈永恆的愛〉以一位長者劉醫師對護士婉瑩潛在心靈裡的愛，通過他為了成全「偉大的愛」而對她的情人初萍百般關愛病體，從另一個側面反映了長者劉醫師的仁慈厚德。最後因初萍病逝，半年以後，婉瑩回到了醫院裡，「與劉大夫更是在主的愛裡，一同工作，一同獻出了為人類服務的赤誠，也一同充分享受著人間天上永恆的愛」。〈水仙花〉裡的劉彥良和方淑敏十五年的相隔而相戀的心靈世界裡，方淑敏為了尋找劉彥良來到了臺灣。但劉因妻子兒女在大陸相隔而回避了方的追隨。他們為了「以更偉大溫厚的心靈」，「貢獻身心於廣大的社會人群」，「培養起這永恆的愛」，各自將自身愛情的痛苦深深地隱藏在心靈深處。〈永恆的愛〉與〈水仙花〉顯示著人類愛情的理性化，具有高尚的純潔愛情來自心靈的美麗與境界的高邁。愛情是家庭的長青藤。人類的社會是多麼需要這種愛情來維護發展具有人倫理性的世界，鞏固家庭這個社會細胞的健康狀況。這也是一種儒家倫理道德精神的形象化表述。

二、愛情是一種社會的責任

琦君是一位善於描述豐富情感的作家。她把人生愛的情感作為一個極重要的命題來完成創作。有時往往是通過對醜的鞭韃而表現美的蘊意。在小說〈歸去來兮〉中，寫一位女子的亡靈回訪生前曾經熱烈相愛過的丈夫。她對丈夫有著十分深沉的無限思念的情愛。可是事隔三年後，丈夫忘卻了他們昔日的愛，又有了新歡的妻子。這是反證了人世間愛情的變幻性與變遷性。小說裡借用了老人的話告訴亡靈：「你不懂得，最冷酷的人，就曾經是最熱情的人，他的心像火山的口，曾經熱烈烈地冒過多少次，可是現在已經死去了！」後來，亡靈終於明白了「什麼是愛，愛就是自私、占有、猜疑、忌妒，多醜陋的人生相啊！」顯然，琦君在這裡是借一個亡靈的心靈情感，來抨擊現實社會那種無情者的可恥靈魂。

琦君的小說創作，十分重視愛情和婚姻家庭，以及社會倫理道德的有機聯繫。愛情是感情，婚姻家庭是感情、理性和意志的通力合作。愛情是心靈的交流，婚姻家庭是社會的細胞。因此，她對於愛情有著深重的社會責任感和人倫秩序的理性思索。〈快樂聖誕〉以女子淑君為了使離異夫妻重合，主動拋棄了思平對她的求婚，寧願自己接受失戀的痛苦，使離異的夫妻破鏡重圓。也是為了表明她為社會營造幸福的氛圍而情願犧牲自己的愛情。〈探病記〉寫主人公子安與蔚如是一對情投意合的同學，也曾有過相戀相愛。子安因受父命與賢慧的若珍結婚。子安為了給若珍治病，受盡生活經濟壓力和痛苦的精神心理壓抑。但當蔚如與子安在雨夜後的竹林相敘時，發現了他們愛情的若珍居然能夠從病癱的床上，起床走路。蔚如為了子安和若珍以及他們的幸福家庭，犧牲了自己的愛情而離開了子安。淑君與蔚如，她們對待愛情有一個共同的主題，就是為了別人的幸福，不願把自己的愛情建立在別人的痛苦上。

愛情是一個複雜的社會文化心理現象，裡面有著多層次的文化心態和社會環境構成的心理因素。沒有詩意的愛情太平庸，苦於詩意的愛情太脆弱。琦君小說裡的愛情，往往是夾於兩者之間，既有詩意但不濃烈，又有浪漫色彩但不脫離現實生活。〈荼蘼花〉寫一位女子先與大她十五歲的男人結婚，後因感情冷漠，再跟一個比她小十一歲的男孩相愛，但終因年齡的懸殊和性情的差異，沒有給她情感上填補細膩體貼的心靈空間而離異。這不僅僅提示了年齡差異與性情的差別，難以尋找到情投意合的愛情與婚姻家庭的基礎，而且表明了愛情是一個非常複雜的社會文化現象。使「她清醒過來似乎已太晚了，她已經不是一個年輕的女孩子，而是暮春時節最後開放的一朵荼蘼花，是那麼的脆弱，再也經不起雨打風吹了。她知道自己現在所要的是一個安靜溫暖的家，一個真正懂得她心情變幻、欣賞她的美德、更能原諒她過錯的丈夫。」

因此，在琦君筆下的愛情，不是純粹以性的快感或者自私的個體行為，而是以社會的責任感與倫理準則作為愛情的基本標準。這是一種以中國傳統儒家文化的精神，去抗衡現代化「求異多變」的愛情生活觀念，也體現了琦君作為作家的社會責任感和愛情的人生觀。

肆　大自然與美感

中國畫的山水畫卷，在畫家筆下，點綴於廣漠山水背景之間的行旅人物，顯得特別渺小。這是中國人講究人與自然的和諧。人只是大自然一個極小極小的分子，跟天地宇宙相比，人顯得多麼的渺小。大自然的風雲變幻，對人有著直接的感應，中國稱之為「天人感應」；人能跟自然和諧，才能得到生命與精神的永恆，中國稱之為「天人合一」。跟中國人自然審美觀相比較，西方的油畫，往往講究以人為主體，表現自我個體人生價值和存在的意義。更富有意思的是，中國畫比西方還多了專門繪畫花鳥的中國花鳥畫。花鳥也成為一種專門審美對象的藝術表現的情感世界。這恐怕也只有中國才會有的。中國的古典文學，無論從《詩經》、《楚辭》，或者唐詩、宋詞，皆以自然的風物與大自然的物態，作為「比」與「興」的象徵物，來表達詩人的豐富情感世界。對大自然的熱愛，是中國文化特有的特殊情感。深受中國文化所薰陶的琦君，對大自然的熱愛，更是比常人多了幾分人文的關懷。

由於受到中國傳統「天人感應」與「天人合一」的哲理思想影響，在中國傳統文化美學裡十分講究「比德」的審美功能。所謂「比德」審美，就是以自然界風物作為人的精神象徵物，寄寓著人的情感、思維與思想境界，或者將自然界的審美對象，作為人的品德美或精神美的一種象徵。這種「比德」審美，在文學創作方面，常常引類譬喻、因物喻志、託物寄興、感物興懷等等，以此來表現人文情感。比如，古人常常以梅花作為高尚人格的象徵，以青苔隱喻隱逸者的文化心態，以菊花比擬清高的氣節，以荷蓮比似高雅清趣的氣質。或者將風雨霜雪、青山流水作為一種情感與戀情的精神意蘊來表達內心的精神世界。比如，孔子喜歡以玉「比德」，《法行》裡面記載著孔子以玉「比德」說：「夫玉者，君子比德焉。溫潤而澤，仁也；縝栗而理，知也；堅剛而不屈，義也；廉而不劌，行也；折而不撓，勇也；瑕適並見，情也；扣之，其聲清揚而遠聞，其止輟然，辭也；故雖有珉之雕雕，不若玉之章章。《詩》曰：『言念君子，溫其如玉。』此之謂也。」

漢王逸讚揚屈原〈離騷〉中的比德：「善鳥香草，以配忠貞；惡禽臭物，以比讒佞；靈修美人，以媲於君，宓妃佚女，以譬賢臣；虯龍鸞鳳，以托君子；飄風雲霓，以為小人。」（〈離騷經序〉）其實，這種「比德」審美的情感，也就是將自然界物態作為一種「物化」為人的精神象徵寓意。

作為深受中國傳統文化生活和文化精神薰陶與影響的琦君，在她的文學創作過程中，往往以借助「物化」的「移情」審美，來表達蘊意著深刻的淒涼、哀傷，或者無限惆悵的鄉愁戀思情懷。解讀琦君的文學作品，特別解讀她的散文作品，裡面往往通過深沉的物化美學所產生藝術的內在感應，傳遞著豐富的文化情感。因此，我們要理解琦君的文學作品內蘊的文化價值，也必須深入了解和索知她的文學作品裡的物化美學意蘊。只有通過物化美學的理解，才能更好地研究了解琦君文學表達心靈世界的內涵意蘊的豐富與深沉。縱觀琦君的文學作品，從高層次的美學來理解，琦君的物化審美精神，使人想到《中庸》有語：「惟天下之至誠，為能盡其性，則可以盡人之性；能盡人之性，則能盡物之性；能盡物之性，則可以贊天地之化育；可以贊天地之化育，則可以與天地參矣。」琦君對物化審美是以生生不息的大自然精神意象，比擬生命存在的精神現象。由大自然審美感通過審美層次，擴大到天人感應的生命精神；從人性理悟到物性，由物性擴展到「天地化育」的宇宙力量的審美精神。因此，解讀琦君文學創作的大自然與美感的內在聯繫，對於理解琦君的文學價值，是非常有意義的。在此，我將以琦君的雨戀和她對梅花、桂花、玉蘭花、柑橘、荷花等大自然與美感相互關聯的蘊意，進行一番較為詳細的表述。

一、雨中的相思

中國文人對雨有著特殊的情懷。雨也成為中國文人的一道精神審美的風景線。「隔窗知夜雨，芭蕉先有聲」這是白居易的芭蕉雨；「留得殘荷聽雨聲」這是李商隱的殘荷雨；「深夜夢回情脈脈，竹風簷雨寒窗滴」這是馮延巳的竹簷雨；「梧桐更兼細雨，到黃昏，點點滴滴」這是李清照的梧桐雨；「縱使晴明無雨色，入雲深處亦沾衣」這是張旭的山中陰雨；「山路久無雨，雪翠濕人衣」這是王維的禪境空雨；「晨鐘古外濕，勝地石堂煙」這是杜甫的鐘韻濕雨。當然寫雨的高手要數唐代詩人李商隱，最為歷代人們所喜歡吟誦的是〈夜雨寄北〉詩：

君問歸期未有期，巴山夜雨漲秋池；何當共剪西窗燭，卻說巴山夜雨時。

此詩之所以膾炙人口，在於李義山把無限的鄉愁與對親友的無比思念之情，寄託在巴山蒼茫朦朧夜色的風雨之中，以追憶「共剪西窗燭」的實景，表達了未有歸期而多麼盼望歸期的心情，極其深化了鄉愁友情和美化了詩意境界。「巴山夜雨」也就成為歷代文人一種鄉愁的文化標識符號。

琦君是一位詞人，對古典詩詞的「雨」有著特殊的情懷。她從小就愛讀《紅樓夢》，《紅樓夢》裡的林黛玉是一位戀雨的姑娘。琦君從小受到傳統文化的薰陶，自然也愛雨，也喜愛寫雨。而且，她寫雨、愛雨、癡雨，有李商隱鄉愁思親的情懷，也有林黛玉綿綿相思的癡情。她的文學作品所表述的豐富人文情感以及對人世、人情、人性出現一種無奈惆悵的情懷，雨往往成為表達情感自然物化的一道風景線。

琦君對雨的情感，從另一個角度來說，她生長在江南溫州，而溫州是一個多雨的地方。除了狂風怒吼的颱風之外，溫州的梅雨季節，有時要下上個把月，也不肯停歇。淅淅瀝瀝、綿綿不息的梅雨，彷彿獨奏二胡，纏綿不絕，低吟婉轉的旋律，正如人的情感豐富細膩。這是琦君在她的散文裡所描繪的童年夢幻裡的雨情，也正是這種豐富的雨感天地，填補了琦君後來漂泊在遠離故鄉與海外異國他鄉的悲傷心靈空間，慰藉了她那多災多難的生命精神。

琦君小時候不僅僅生活在多雨的江南地方，而且又受到一個具有文化底蘊的家庭所影響，從小對雨就有一種特殊的情懷。雨，能夠帶她到魂牽夢繞的好地方，也給她帶來了文學創作的靈感：「雨天總是把我帶到另一個處所，離這紛紛擾擾的世界很遠很遠。在那兒，我又可以重享歡樂的童年，會到了親人和朋友，遊遍了魂牽夢縈的好地方。優遊、自在。那些有趣的好時光啊，我要用雨珠的鍊子把它串起來，繞在手腕上。」〈下雨天，真好〉據她回憶在江南雨下得越來越大的時候，小琦君就和著節拍唱起山歌來。有時候，連早飯也顧不及吃，就套上叔叔的舊皮靴，頂著雨在院子裡玩。陰溝裡水滿了，白繡球花瓣飄落在爛泥地和水溝裡。她把阿榮伯給她雕的小木船漂在水溝裡，中間坐著母親給她縫的大紅「布姑娘」。繡球花瓣繞著小木船打轉，一起向前流著。

五月黃梅天，到處粘榻榻的。父親端著宜興茶壺，坐在廊下賞雨。院子裡各種花木，經雨一淋，新綠的枝子，頑強地張開翅膀，托著嬌豔的花朵冒著微雨。父親用旱煙管點著它們告訴她，這是丁香那是一丈紅。下雨天，母親請來瞎子坐在廚房的凳子上，唱著溫州鼓兒詞「秦雪梅弔孝」、「鄭元和學丐」，母親一邊聽著，一邊做飯，聽得淚水掛滿了臉頰。下雨天，她可以丟開功課，獨避一方，一心一意地看著自己喜愛看的《紅樓夢》。

雨，成為琦君思念親人的情感寄託。當她離開故鄉到杭城求學時，有時候站在學校的法國梧桐樹下，葉子尖滴下的水珠，紛紛落在傘背上。她的心裡就有一股淒涼寂寞之感，因為她思念遠在故鄉的母親。下雨天，她格外想她，因為在幼年時，只有雨天裡，她有更多的時間纏著母親，雨給她一份靠近母親的感覺。正是因為雨對琦君的童年有著深刻的影響，下雨天總是把她帶到重享歡樂的童年，遊遍魂牽夢縈的好地方。

雨，是遠離故鄉的琦君思念故鄉溫州和杭州西湖的情感符號。琦君是在一九四九年的一個風雨之夜離開大陸的。她在〈祝君無恙我將歸〉裡寫道：「天空裡飄著濛濛細雨。我躑躅在蕭條的霞飛路上，讓雨絲淋濕了我的頭髮與衣裳，也涼透了我寂寞酸楚的心。」「霓虹燈暗淡地照著濕漉漉的柏油馬路。隆隆的電車，從我身邊馳過。我無心跨上車子，寧願拖著沉重的步子，依戀著這上海街頭最後的一夜。」由此可見，琦君離開大陸的心情是何等的沉重。到了臺灣後，她還是感覺到「臺灣的天氣總是陰晴不定，風雨也格外的撩人愁緒。我卻偏偏愛於風雨之夜，一個人披上雨衣跑到火車站。從這個月臺跨到另一個月臺，看如潮的旅客匆匆奔過天橋，濃煙彌漫著潮濕的夜空。」從中我們不僅僅看到琦君痛苦悲哀的心情，還可以領略到她那豐富細膩的心靈世界。

琦君在風雨中離開大陸，她在臺灣自然思念著故鄉大陸杭州與溫州的雨中之情。她曾說自己在大陸時，總喜歡在雨中徘徊在西湖之畔，從平湖秋月穿林陰道走向孤山，打著傘慢慢地散步。「雨中遊人稀少，靜謐的湖山，都由愛雨的人管領了。衣衫漸濕，我們才同撐一把傘繞西泠印社由白堤歸來。湖水湖風，寒意襲人。站在湖濱公園，彼此默然相對。『明亮陽光下的西湖，宜於高歌，而煙雨迷濛中的西湖，宜於吹笛。』我幽幽地說。於是笛聲又起，與瀟瀟雨聲相和。」琦君對西湖的雨與笛聲，思念得多麼深切啊！她彷彿在輕輕地說：「二十年了，那笛聲低沉而遙遠，然而我，仍能依稀聽見，在雨中。」（〈下雨天，真好〉）雨中的故鄉，雨中的親人，雨中的笛聲，在琦君的心靈世界裡，是一首多麼動人的詩，鄉愁的詞，懷舊的歌！故鄉、親人、笛聲，就在多情的雨中。

為此，她曾在〈雨之戀〉一文中寫著：「我愛雪，也愛雨。雪令人感受一份沉靜的無聲之美，雨令人起無限的懷舊之情。」「下雨天，我就愛在堤邊散步，不打傘，讓霏霏細雨，淋濕我的髮絲與臉頰。也洗滌了我胸中無限塵勞。我追憶著故鄉西子湖頭許多雨中的趣事，也懷念書齋壁上用松樹皮拼成的聽雨樓三字，臉上不自覺地泛起了微笑，心頭溢漾著的是溫暖而不是悵惘。」

遠離故鄉的琦君無時不在雨中尋找感情的寄寓，以此來消解心中深沉鄉愁舊戀。她在臺灣，心中經常呼喚著：「現在是春天，我懷戀大陸江南的雨。」她無論在臺灣，或者後來隨丈夫到美國定居，她都十分思念她的恩師夏承燾先生，她說；「我們稱師恩為『春風化雨』，雨給人心田以無限滋潤而得化育之妙。嬌豔的海棠，更是經雨臙脂透。楊柳垂絲，雨中更顯得青翠欲滴。人的心情如能長時承受雨露的滋潤，就如同飲了玉露瓊漿，可以永保青春了。這就是我為什麼愛雨的原因。」（〈雨之戀〉）

琦君喜歡雨，她還在她的小說〈傘下〉，通過一種追憶的手法，寫一位學醫的大學生對林院長的人格與醫德的敬仰，十分精緻的描寫了雨的世界與雨的情感，達到了非常巧妙的藝術意味。有人知道琦君喜歡雨，喜歡在雨天裡採訪琦君，顯得更加富有意趣。琦君愛雨不僅僅表現在生活上和文學表現的題材上，而且她的文風也有一種春風化雨的滋潤美感。雨也就成為她的一種文章的風格。這正如臺灣作家公孫嬿所說：「琦君的文字有如空山靈雨。沒有雷霆，也沒有風暴，只在闃靜中予人以自然天籟幻變似的啟示，讓我們了解那是一種什麼氣壓。因此一任讀者悠然如披著蓑衣坐在懸崖之旁，體會出作者情感的雋永和高遠。在濛濛裡，如繪的青山重疊呈浮到眼前，於是看風景的人在斜風細雨中不覺愀然若失，回顧煙雲渺渺，尤不盡其悵惘之至了。」（公孫嬿〈琴心〉，隱地編《琦君的世界》）臺灣作家心岱也說：「她溫厚的胸懷竟比別人更能承受流光的犁痕。她的笑，她的淚都是生活的點滴，她說得對——愛爾蘭地方素來多霧，因而獲得翡翠島的雅稱，什麼時候我們遭遇到悲哀的霧，我們必定會有一顆翡翠的心。」（心岱〈雲影天光〉，隱地編《琦君的世界》）臺灣作家張秀亞評論說：「琦君的文章可贊之處甚多。而最吸引我之處，還是那一段淡淡的煙一般的輕愁，這一股縹緲的愁緒，有如她那篇傑出的小說的題目〈紫羅蘭的芬芳〉，形成她文章的獨特美麗。琦君是個女人，是個詞人，她那枝寫詩填詞的筆，更潤澤了她的散文同小說，她的文章就是詩，沒有韻的詩，而達到的境界，則是純詩的境界。」（張秀亞〈煙愁〉，隱地編《琦君的世界》）

讓我們走進琦君的世界，領略感悟琦君雨的情感，雨的戀情，雨的詩境吧！

二、花木的溫存

中國是一個熱愛花草樹木的國度。早在西元二千五百年前，孔子就說過：「多識鳥獸草木之名。」「歲寒，然後知松柏之後凋也。」他就是把人對花草樹木的審美，作為陶冶性情，提升人生境界的一種有效的心靈審美的體操。經孔夫子編著的中國最古老的詩集《詩經》，更俯拾皆是借花草樹木起興寄托，來表述隱喻的心靈詩篇。中國古典詩詞，往往也是以花草樹木作為一種象徵符號來表達情感的意味。

琦君從小就喜歡花草樹木，她住的潘家莊園，種植著各種各樣的奇花異草。心愛她的父親從小就教她認識花木品種，母親每天清晨就叫她採摘新鮮的玉蘭花供佛。琦君在她的散文〈鄉思〉裡寫她家園的花草：「屋子左面是一片茂密的桃樹林，桃花結子的時候，父親著了短裝，親手捉蟲剪枝。」「院子裡扶疏的花木尤其是父親的愛寵。寒梅在雪裡報來了春訊，素心蘭在暖閣裡也吐出了新蕊，垂楊自含翠而飛棉，紫薇飄香，牡丹、山茶更點綴了滿院春光。我與哥哥卻獨愛冰晶玉潔的白蘭花。初夏的清晨，哥哥爬上高過粉牆的玉蘭樹，籃子掛在樹梢頭，採下的花兒分贈給全村的『十三女兒』，襲人的香氣裡帶來了一分友情的溫馨。」她在〈媽媽的菩提樹〉裡，寫自己在臺灣種了一株九重葛，葉子萎了又長綠了，觸景生情，想到母親稱不開花不結果的枇杷樹為「菩提樹」。不但從沒抱怨過它一句話，還特別喜愛它。母親對樹木的護愛有加，關心樹木的慈愛之心，培植琦君從小就對樹木寄寓著感人的情懷。

也許從小受到家庭的影響，琦君就喜愛收集花草標本。她在杭州讀大學的時候，將許多花草樹葉作為標本收集粘貼起來。作為觀賞的書簽和自我情感的寄託。這個舉動引起了她的老師夏承燾的關注。夏承燾是一位大詞人，自然深知花草樹木的審美情感的功能。他就在琦君採集鮮花嫩葉，排成美麗的圖案，訂成一本小小的手冊第一頁上，寫上兩句話：「留予他年說夢痕，一花一木耐溫存。」

誰也想不到夏承燾的兩句話語，居然成為琦君以後命運的預兆之語。這正如琦君在她的〈哀樂中年〉散文裡所說：「這本心愛的手冊，於離亂中遺失了。時隔廿餘年，那點點滴滴斕斑的夢痕，卻在心頭浮上更鮮明的印象，我才深深領略得『一花一木耐溫存』的雋永滋味了。」她在〈寫作回顧〉中，曾說：「……我也懂得如何以溫存的心，體味生活中一花一木所予我的一悲一喜。」

琦君對一花一木的審美意識是以佛家的悲憫與博愛的觀念來認識內在的人文意味。她曾經這樣說：「生涯中的一花一木，一喜一悲，都當以溫存的心，細細體味，那怕當時是痛苦與煩惱，而過後思量，將可以化痛苦為信念，轉煩惱為菩提。」（陳愛麗〈為有源頭活水來〉，隱地編《琦君的世界》）琦君以此作為自己感悟與消解人生苦難與煩惱的精神寄託。琦君一生記住了這些話，給她多災多難的人生帶來了許多精神上的安頓。夏承燾還針對琦君的多愁善感的性格，寫了一首詩予以鼓勵：

莫學深顰與淺顰，風光一日一回新；禪機拈出憑君會，未有花時已是春。

長者的勉勵使琦君從消極的愁感中走向堅定的積極精神，用人生的智慧去理解生命的無常與實有，體會自然與世間的美好以及人生的變幻。在生活中有時候，生命與生活的花朵雖然還沒有開放，但春天已經快要出現在眼前。這樣，一花一草耐溫存，也就成為琦君心靈世界裡具有極為重要的審美感觸。

三、知己的梅花

從琦君的文學作品中，對梅花的描述，作一番審視，從中發現琦君的微妙心靈世界裡，具有博大的美學精神與豐富的情感世界。

在中國古典文學裡的梅花，具有人格的高風亮節的喻意。在琦君筆下的梅花是一種極為高雅潔美的象徵。梅花在中國古典審美意識中，具有多層次的美育功能。它代表著人格的高風亮節，情操的純潔靜美，意志的堅強不屈的審美意義。從中國古典美學來理解梅花的審美價值，說句實在話，它本身所具有的內在精神，是一種貴族精神的象徵。在平民百姓的心目中，梅花就是梅花，它只不過是透露出陣陣幽香的花朵兒，與白雪交融在一起，美得好看而已。真正把梅花作為一種精神的象徵，或者說隱喻自身的精神世界，則是一般仕途者或是文人心靈裡的一種隱喻精神。琦君對梅花的喜愛，從小就受到這種貴族生活與貴族精神的影響與薰陶。

小時候的琦君在下雪天裡，母親會叫她將梅花梗上的雪，撮下來裝在一隻漂亮的玻璃缸裡，每天倒一杯雪水供佛。照母親的話說：「花木上的雪才淨，供佛的是淨水呀。」

梅枝上的雪融成了淨水，不僅僅供佛，也淨化小琦君童年的美麗心靈。父親的好友劉景晨先生教她畫梅花的時候，要她懂得「梅花與書法最接近，要學畫梅必須勤練書法。梅的枝幹如隸篆，於頓挫中見筆力，梅梢與花朵似行草，於曲直中見韻致。這與身心的修養有關，中國畫最能見真性情，心靈的境界高了，畫的風格也會高。」（〈春雪・梅花〉）從她的散文與小說創作裡，就知道她對梅花有一種特殊的情懷。小時候的琦君，常常歪著頭，看父親與他的好友劉景晨先生一起談論梅花與詩。劉先生還以梅花喻為人格給她諄諄教導。她在散文〈父親的兩位知己〉裡寫著：「風趣的楊伯伯，看劉伯伯已醉態惺忪，就命我取紙筆紅硃來，請劉伯伯即興畫梅題詩留念。劉伯伯卻摸摸鬍鬚說：『酒還未醉，詩興還沒來。』父親回頭看窗外盛開的紅梅，隨口吟道：『雪梅已是十分春，卻笑晨翁詩未成。』劉伯伯也看看窗外，接口道：『高格孤芳難著墨，無如詩酒兩忘情。』」劉景晨是一位具有人格魅力的文士，他一生酷愛梅花，植梅愛梅畫梅詩梅。他把梅花作為自身的一種精神象徵物，並以此勉勵自己在人格品行上，堅貞高潔，不畏權貴。

琦君後來到杭城讀大學時，拜夏承燾為師。夏承燾為一代詞宗，他寫詞愛梅，在他的詞文裡，常常寫到梅花。琦君稱自己「一生知己是梅花」。她在〈西湖憶舊〉裡回憶杭州淪陷於日軍時，自己和夏師在上海，老師曾有詞云：「湖山信美，莫告訴梅花，人間何世。」後來，湖山光復，他們又回到西湖孤山賞梅，心中自然安慰。老師伸手在窗外的梅枝上，撮來一些雪花，放在陶瓷壺中，加上紅茶，在炭火上煮開了，每人手捧一杯香噴噴熱烘烘的茶。老師興致來了，立刻呵凍揮毫，畫了一幅紅梅。她也乘興在空白處寫上兩句詞：「惜取娉婷標格，好春卻在高枝。」

也許從小受到父親和劉景晨伯伯的薰陶，長大後受到夏承燾的影響，和她後來專研中國古典詞學，這樣她就自然而然地愛上梅花。無論從她的散文或者小說、詩詞裡，梅花也就成為琦君所營構的心靈世界裡的一種重要精神標識。她的小說〈梅花的蹤跡〉具有很高的文學美學價值，就是以梅花象徵一位少女。通過象徵的藝術手法，產生一種朦朧的詩境意象，喻意少女高尚純潔的美好心靈，嚮往美麗的人生憧憬。因為她從小愛梅花，深深地懂得「梅花是中華民族堅貞不移的精神象徵，國民心愛國花，並不在乎到處都能賞梅。儘管是在『春柳池塘明媚處』，也能體認『梅花霜雪更精神』的意義。」正是如此，琦君雖遙在美國，每當紐約雪後初晴、春寒料峭時候，總是「又神馳於杭州舊宅中那株綠梅。數十年的刻骨嚴寒，它定當傲岸如故吧」（〈春雪．梅花〉）。

四、入夢的花雨

除了梅花，琦君對桂花、荷花、甌柑、玉蘭花、楊梅也有另一番的審美情趣。

在江南的溫州，到了中秋時節，正是桂花盛開，香溢滿園的時候。在琦君筆下的秋天桂花，更是具有詩意的美境。琦君故鄉老屋的前後大院落裡，種得最多的是桂花。銀桂是一年到頭月月開的，也叫月月桂。「花是淡黃色的，開得稀稀落落的幾撮，深藏綠葉之中，散發著淡淡的清香，似有若無。」「父親於誦經吟詩之後，總喜歡命我端把藤椅坐在走廊上，聞聞木樨的清香，說是有清心醒脾之功。」「與銀桂完全不同的是金桂，開的季節卻是中秋前後。金黃色的花，成串成球，非常茂密，與深綠色的葉子相映照，顯得很壯觀。」「太陽出來曬一陣以後，長工就幫著把篾簟鋪在桂花樹下，團團圍住。然後使力搖著樹幹，花兒就像落雨似地落在簟子上。」「母親和我，還有我的小朋友們，一同把細葉子、細枝、花梗等揀去，揀淨後看去一片金黃」。「一大早，母親就在最茂盛的桂花樹上，折下二枝供在佛堂裡與祖先神位前，那一分虔敬，就彷彿桂花在那一天就要成仙得道似的。」（〈桂花滷・桂花茶〉）這樣，隨著歲月的流逝，留在童年心靈裡的風物，更會激發起人在情感上的思戀，桂花就成了琦君寄寓思念家鄉與親人的一種深切情懷。

荷花具有一種高尚審美情趣的意味，它出汙泥而不染的風神為世人所讚頌。小時候，父親就教琦君念「夏日正清和，西湖十里好煙波。銀浪裡，弄錦梭。人唱採蓮歌……」琦君對故鄉的荷花是寄託著無限思念的情懷。她記憶中的西湖十里好煙波的荷花好美。西湖到了六月二十四日的荷花生日，湖上放起荷花燈。「湖面上朵朵粉紅色的荷花燈，隨著搖蕩的碧波，飄浮在搖蕩的風荷之間，紅綠相間。把小小船兒搖進荷葉叢中，頭頂上綠雲微動，清香的湖風輕柔地吹拂著面頰。耳中聽遠處笙歌，抬眼望天空的淡月疏星。此時，你真不知道自己是在天上還是人間。」〈西湖憶舊〉在海外的琦君好思念故鄉的荷花與親人：「仰望壁上的墨荷，我好想念故鄉的荷花，因為在荷花瓣上，彷彿顯現出父親和老師的音容筆貌。」〈想念荷花〉

甌柑發源於溫州，聞名世界。琦君小時候生活在依山臨溪的溫州瞿溪，在她生活的潘家莊園裡，植有一大片甌柑樹林。她在〈甌柑〉一文中說：「甌柑比桔子形狀稍尖，皮亦較厚，但皮上那股子清香味兒，卻有勝於桔子。瓤子水分充足，只是吃後回味稍稍有點苦。我就是喜歡那一點雋永的苦味，這是任何其他水果所沒有的。」「我家老宅旁是一大片柑桔園，綠油油茂密的枝葉，顯得一番蓬勃氣象。結子以後，扣子似的小柑小桔，更散發著陣陣清香。」可是，當她大學畢業，趕回老家看望母親時，「母親竟已不在人間。那片廣闊寂寞的橘園，就是她暫時安息之所。她生前那麼照顧這片果園，她去後，橘子依舊長得碩大鮮紅。採下橘子供母親的時候，不禁思緒潮湧。」（〈母親〉）橘園的興衰象徵著潘家的興衰，更是激起了琦君的無限愁緒。她那篇著名的小說〈橘子紅了〉，就是取材於以甌柑為象徵喻意，揭示了舊社會封建禮教對人性的摧殘與女性的不幸命運，裡面蘊含著豐富的地域文化意味。

玉蘭花開，潔美醒目，清香撲鼻。琦君的母親極為喜歡白玉蘭花，「白玉蘭的開放，都在中秋前後。那時母親每天都到院子裡抬頭看看、聞聞花香。只開一朵花，當然不能採下來的。直等它一瓣瓣自然謝落了，母親連忙拾起，深怕花瓣著土就爛了。因為白玉蘭花瓣是可以做餅吃的。」母親還將白玉蘭做成的玉蘭酥，分贈給左鄰右舍，把白玉蘭的美分享給人家。在琦君的筆下，母親善良美德的心靈，彷彿就是潔美清馨的白玉蘭。

故鄉溫州茶山的楊梅聞名浙南大地，是琦君喜愛的水果。她說：「我鄉的茶山楊梅，可以媲美於紹興的蕭山梅，色澤之美，更有過之。一顆顆又圓又大，紅紫晶瑩像閃光的變色寶石。」（〈楊梅〉）小時候的琦君吃著楊梅作著作業，紫色的楊梅汁滴落在練習簿上，是多麼美好的回憶。使琦君終生難以忘卻的是，父親在臨終之前，因病不能吃楊梅，望著母親放在水晶小碟子的楊梅聞著清香說：「你母親愛花，愛水菓，可是她從不戴花，也不吃水菓，只默默地培養得花兒開了，菓子結了。她一生都是那麼寧靜淡泊！」琦君的感嘆是動人的：「年光於哀痛中悠悠逝去，我亦已憂患備嚐，兒時那種吃楊梅的任性與歡樂，此生永不會再有了。」（〈楊梅〉）

從高層次的文化內涵來理解花草樹木的審美，不僅僅能豐富人的情感，消解人生遭遇的痛苦與悲憤的哀思，而且還能提高人的思想境界。琦君筆下的梅花、桂花、荷花、橘子、玉蘭、楊梅等等，是她對故鄉親人的鄉愁之物，裡面深深地寄寓著她漂泊他鄉的無奈惆悵情懷。她以此表達自己的情感，展示了人生向上的精神力量，也給讀者一種激發提高審美情操的情感力量！

伍　社會人文意識

我常思索，在當代文壇上，琦君的文學作品為什麼會歷久彌新，激發著一代又一代讀者的興致？此使我想到一個重要的命題：琦君的文學作品對當代讀者有何多層次的審美意義？

從這個命題出發，首先從「人文」與「文化」的角度，去審視這種琦君文學閱讀的文化現象。

從「人文」概念出發來理解，我想到中國北京大學年輕學者吳國盛對人文的理解，頗有意味。吳國盛認為：「人文可拆分為『人』和『文』兩部分，前一部分講的是理想的人、理想的人性，最好的存在方式，就是終極關懷和最高價值，後一部分講的是達到這種理想人性的方式，即文而化之的培養方案。」「人類的一切文化形式，科學也好，藝術也好，都是服務於這個目標的，區別只在於，你認同什麼樣的方式來『文而化之』培養」。

從吳國盛的人文概念來理解琦君的文學作品所表述的社會人文意識內涵，正是「講的是達到理想的人、理想的人性，最好的存在方式」。而琦君的文學作品對人的社會化過程美育功能，也正是「講的是達到這種理想人性的方式，即文而化之的培養方案」。由此，對吳國盛的人文概念，轉化到對「文化」的理解，我們就不難理解琦君的文學創作意義和她的文學作品具有豐富的社會人文意識。文化作為學術概念來理解，《易》云：「觀乎天文，以察時變；觀乎人文，以化成天下。」其意是人文精神的變化，直接關係到整個社會的秩序與倫理規範的人文意識。這樣「文」與「化」就具有兩大概念。「文」，指文化作為一種社會的物質與精神載體；「化」，指人的社會化過程受到「文」的薰陶與感化過程。從這個角度去認識琦君文學作品所具有「文」的社會「化」的過程，正是表現了「化」的「萬花筒」現象。

琦君小時候，喜歡玩萬花筒。萬花筒是由三面玻璃組成，中間放著五顏六色的玻璃碎片，用舊報紙黏成的一個小圓筒。小圓筒兩頭用玻璃鑲好，一頭對著陽光，輕輕地旋轉起來，花玻璃的碎片，沿著三面的玻璃壁，互相反射出奇麗的玻璃彩光，變幻出奇妙的玻璃花兒。同樣的道理，我們讀琦君的文學作品，如果你從多方位多維度地去認識、理解，就會得到多層次的感受與悟解。琦君的文學作品，就有這麼一種奇妙的社會人文意識的審美現象。從上述對「人文」與「文化」的學術意義上理解，就是幫助我們從宏觀上去審視琦君文學所具有社會人文意識的多維性意義。

古人云：「文以載道。」在這裡，我們將「文」作為文學的表現形式，那麼它所運載的「道」，就有著豐富的文化內涵。其豐富內涵的「道」，自然包涵著倫理道德、思想、觀念、思維方法、人生價值諸方面的內容。擴而論之，其「道」所蘊含的「文化意味」，具有更豐富的文化內涵。琦君的文學作品之所以長期受到一代一代的讀者喜愛，引起廣大讀者強烈的反響，就在於她的作品裡面蘊意著豐富的「文化意味」。琦君的文學作品在讀者中產生的審美感應，就是將這種「文化意味」轉化為多維社會化的美育功能。這種「社會人文意識的美育功能」，正是表現了琦君文學所具有當代社會人文審美的多層次意義。這也正如琦君自己所說：

> 我們尤當深深領悟的是孔子的居於仁游於藝的人生哲學、教育哲學、數千年所培養而成的民族精神，堅忍、仁愛、愛真理、愛自由，這份精神，形成我們健全的

文學觀，深植在每個人心中，堅定而不可動搖。……我們深切地期望每個中華兒女，都沐浴於先聖孔子所啟示我們偉大的仁愛之中，超越於人為的暫時隔閡，以真善美一致的文學作品，使心靈得以交流。（唐潤鈿〈評介讀書與生活〉，隱地編《琦君的世界》）

在此，深入細緻地探索琦君文學作品所具有的社會人文意識，尋找其所具有獨特的美學意義。我將從琦君文學作品所蘊含的社會人文意識，對當代人的自然、生態、人性、情感諸方面的審美意義，進行一番簡要的論述，以示琦君的文學所具有多層次的社會人文審美意義。

一、感通自然美

中國是一個十分講究自然美的國度。從中國先民陶紋、甲骨文、鐘鼎文、竹簡文的文字流程，以及古代文學的《詩經》、《楚辭》，漢賦樂府、唐詩宋詞，一直到《紅樓夢》小說，皆以自然之美作為起興，產生了強烈的審美效應。就連《周易》、《禮記》、《周禮》

也是很講究人類與大自然的融通。文學作品失去了對自然美的性情感悟，也就是沒有了智慧的泉水。《紅樓夢》比《金瓶梅》富有內在豐富的審美價值，道理也就在於此。自然的美，由「景」外「遊」達到內在的「神遊」之美，提升人生的境界。在中國人看來人生倫理、禮樂文化、書畫藝術，甚至是健身益體的氣功和太極拳也很講究通感於大自然的內在相互關聯的規律。悟得了自然，才能悟得人性。因為人類與自然背後，有著共同的生息規律。人類不能擅自與大自然作對，只能協調於自然，從中感悟自然存在的意義比人類生命存在的意義更為重要。自然有著恆在的生命意義，人只不過是一個匆匆過客而已。大自然的秀麗山水，廣闊原野，風雪雷雨，花草樹木等等，是人審美意義上的對象物。人與自然的對話，使人有一種崇高和優美的美感。當我們讀琦君的文學作品時，常常會感受到她筆下的自然風景，給人以強烈的美感。這種美感不僅僅能喚起人對自然美的嚮往，陶冶情操，而且能使審美者從中提高思想境界。我們可以從琦君筆下的山水、田野、花草樹木裡，感受到一種美的體驗。

琦君在〈神奇的景象〉一文中，寫自己於一九四四年抗日戰爭末期，逃難於故鄉澤雅廟後山中的感受。在一個深夜中，聞聽日本鬼子搜山來了，在漆黑夜中，她感到自己身體沉落到一片漆黑的深淵絕望之中，看見「一輪滾圓的月亮，正好像要從山坡上滾落下來，滾到我的面前。我立刻伸出雙手，想要捧住它，把它托在手心裡。它真好像在我手心裡，卻又是若遠若近、若高若低地在我眼前晃動、游移」。「我怔住了，宇宙間怎麼會有這麼美的景象」。「世間不應再有罪惡與醜陋，任何一切都是美好的，溫柔的」。「我已沒有個人的存在……頓時有一種心凝形釋，渾然與萬化冥合的感受」。這是一種唯美主義的心靈幻象。在不幸的生活深淵中，自然的美給了她生存的勇氣與力量；從另一個角度寫出了善良戰勝邪惡的心靈寄託。從高境界的審美來理解，將人生存在的價值意義，放到崇高的自然審美中，認識人與自然存在互相關聯的意義，並以此來陶冶自己對純美情感的追求。離別故鄉五十七年，離別廟後六十二年的琦君，於二○○一年秋天回到故鄉溫州，一定要重回故鄉廟後，尋根問祖，再一次重睹廟後曾經有過奇幻心靈美感的山水風光。也許這裡有琦君心靈美感的奧秘。在生活中，琦君也十分講究自然與文章的內在聯繫。她曾說過：

我總覺得要把生活、讀書、寫作打成一片。比如夏老師常帶我們出去欣賞山水，他告訴我們山水是地上的文章，文章是案頭的山水。當你們在欣賞山水時，如果想到回家之後要寫一篇遊記，那麼這篇遊記一定寫不好，你必須不經意的去體會，才能得到真趣（心岱〈雲影天光〉，隱地編《琦君的世界》）。

大自然的花草樹木、飛禽走獸和生活中的小小昆蟲，都是人類生存依賴的朋友。人類愛護它們、保護它們，不僅僅因為它們是大自然生物鏈的重要組成部分，而且使人類從中感悟生命的哲理，還能善化人的情感與靈魂。琦君筆下故鄉的桂花雨、西湖的荷花、雪中的梅花是多麼充滿著詩意的美感與富有多麼美麗可愛情感。琦君從小就喜歡養小貓小狗，並將牠們視為朋友。在她筆下的小動物，具有親情的美感。琦君對生態的審美是具有超前意識，對人類命運高度關注的人文關懷意識。

中國文學的最大的審美特徵，就是以大自然的美來激發文學內在的心靈淨化功能。對自然的知性，是一種人性最初對美的感悟。我們讀琦君散文也好，小說或者詩詞也好，從中自然而然地感受到自然美，是她文學作品的一個「興」的起因。有了自然美的起因，不僅僅使作品耐讀有味，而且使讀者從中得到一種潛在美的感應。這是中國文學有別於西方文學的特點。中國哲學講究「天地精神」，也就是從自然審美中，提升人生的思想境界。琦君就是深知其中三昧的作家。

從現代人所面臨的種種自然環境失衡、人際關係淡薄、生態意識淡漠、詩性情感脆弱的現狀來看，正是需要從大自然審美中優化美化人們心靈，抗衡當代經濟文明所造成的人文精神的弱化與失落。這樣，我認為，廣大讀者通過閱讀形式，從琦君文學藝術所表現的豐富自然審美資源，對人的社會化過程，進行自然美育，優化美化人們的文化素養，有著十分重要的現實意義。

二、人際關係美

我們從琦君的文學觀來理解，使我想起了中國現代偉大的教育家蔡元培，早在八十多年前，就指出：「鑒激刺感情之弊，而專尚陶養感情之術，則莫如捨宗教而易以純粹之美育，所以陶養吾人之感情，使有高尚純潔之習慣，而使人我之見、利己損人之思念，以漸消沮者也。」

在當代社會處於經濟衝突、人性失落、人際緊張、生態失衡的境況下，正需要蔡元培「以美育代宗教說」的文學審美功能，來填補現代人的心靈空間。誠然，填補這種心靈的空間，最大的功能就是使文學在人的社會化過程中，發揮協調於社會發展的道德感悟作用。

我們把道德結構作為以改造自然的進取性道德與調整社會人際關係的協調性道德組成來理解，琦君的文學作品所具有社會化過程中所表現的「文化意味」，對人的影響力，正是以協調性道德為主體。隨著人類進入現代化的「工業經濟與信息時代」，人們更大的需要是協調性道德，來提高人們人際關係的協調。

我們所講的人與自然和諧的前提是，人與人之間的和諧。琦君的作品沒有滲透功利主義思想，而以濃厚的道德人情味來設力抵禦功利異化對人的影響，以純潔人的心靈，提升人的思想境界，避免人生因沒有理性而造成社會的災難。人際關係著社會的整體協調性與社會的穩定性。同時，人際關係是直接關係著社會的文明秩序和社會的精神秩序。人際關係的協調是任何一個人處於社會立業立事的根本。人際關係要以尊重他人為始，才致使他人尊重自己。我們將琦君的全部作品連接貫通於一體，最深沉的體悟和最微妙的感受，就是生命的本質在於傳播博愛的存在意義。在她的小說作品裡，常常使人感受到企盼理解人生苦難的心靈，使人感知到生存在一個倫理和諧的社會之中，是真正的美滿幸福。在琦君散文筆下的人物，無論是處於主人地位的父母親，或者是處於低層的長工阿榮伯、阿標叔，都是相處於互相尊重互相關愛的生活氛圍之中，處處表現著倫理親情與人際友愛，閃耀著人道主義的精神光芒。琦君的小說或者散文，都是從人倫、人道、人情、人性為出發點，表達了人物以協調社會人際關係、高尚人格精神為旨歸，弘揚社會互助、理解、關愛、寬容的美德。

琦君筆下人際關係美，包括著對他人關愛與悲憫，以及對親人離別與離逝的情感。在琦君的筆下對平民弱勢的群體，注入同情與理解。在小說〈阿玉〉裡，描寫了對一個純潔可愛的小婢女，注以深刻的同情與關愛；在散文〈三劃阿王〉裡，在我們的眼前出現一個「樂天堅忍而又那麼仁慈的殘廢老人」；在〈阿榮伯伯〉裡，對兒時家中的老長工，流露出無限懷念與親敬之意，把這位「真正善良淳樸的農民」與「天生仁慈慷慨樂於助人的性格」，描繪得活靈活現。琦君對人性的情感世界有著豐富的描寫。她把人性的情感和愛作為一個極為重要的命題來創作。在小說〈歸去來兮〉中寫一個女子的亡靈回訪生前曾經深切相愛過的丈夫。她對丈夫有著刻骨銘心的愛。可是，三年過後，丈夫忘卻了他們往昔的愛，又有了新歡的妻子。從表面上看，是揭露了人世間情愛的虛偽性與變遷性，但從另一個角度來告訴人們，人處於這個社會之中，需要寬容與理解。琦君在小說裡借助老人的話，勸告亡靈對人世間情愛的變幻與不幸要予以理解。使亡靈終於明白：「在這個世界裡，人人都只有一個人，也人人都是朋友……她們之間沒有悲歡離合，也不必愁風愁雨，她們享有的是燦爛的星光與月亮，是秀麗的山澗與森林。她們可以無分彼此地相親相愛，不計年月地盡情嬉遊。」特別是琦君少年時代，對哥哥的突然去世，母親的淒涼處境，二媽的來臨，三叔婆的遭遇，都是從人性的情感去表述。比如母親對父親的愛，有著東方女性的深沉雋永，永生無悔的美德。母親照著父親送她的那朵寶石梅花簪子顏色，繡了一條梅花手帕，由琦君轉送給父親。母親明白知道父親拋棄了她，但那種深沉純樸，寬大無私的愛，包容了父親的無情與冷漠。

三、人性道德美

令人擔憂的是，隨著社會物質文明的不斷發展，一些人的文化精神卻走向了墮落。當前社會出現的破壞自然生態與擾亂社會秩序的急功求利，以及以權謀私、金錢至上、吸毒殺人、恐怖行為、人性墮落等等現象，已經引起了人們普遍的關注。人們往往認為這是人的文化素質所存在的問題。我們常說的提高人的文化素質，僅僅理解為提高人的知識水平，就是提高人的文化素質。其實，我們所提倡提高人的文化素質，不僅僅是通過人的知識學習轉化為科技或者是技能技巧，而是通過知識的學習與體悟，達到注重個性的自由發展，培養有創造性的科學思維，增強自身的社會責任感和人格的魅力。因此，我認為，人的現代化首先是人的情感、道德、思維、觀念的現代化。

誠然，人性是古今中外文學表現的一個重要題旨，可是構成人性的共性與個性的差異，不僅僅表現在中西文化的差異，而且對處於變幻動態社會中的人與人之間也存在著差異。甚至生活在同一個地域，同一個時代，同一種文化環境也存在著差異。在琦君筆下的人性具有東方文化的特徵和變幻動態中的個性差異。琦君文學所表現的人性跟公民倫理道德與傳統的儒家倫理有著極為密切的聯繫。傳統儒家的人道、人情、人性是在以「仁」作為核心的博愛作用下講倫理道德。琦君筆下的人性是以公民倫理為主線，作為一種思想維繫著整個社會的高度責任感。對人性心靈情感精妙入微的辨察，對人生況味之細膩的體貼品味，是女性特有的情感表現。琦君的散文與小說傳遞著陶冶情感的文化信息，使人們在建立人生認識的基礎上，建設心靈的家園。比如，她對母親的描述，就是象徵著典型的東方文化道德的女性；她在小說裡描述的愛情，往往是處於一個動態變幻中的人性。夫妻兩人組成的家庭，愛情成為家庭的組成核心。作為社會群體生活基本模式的家庭，是一個情感交流的聚合。由家庭擴展到社會群體的情感聚合，包含著整個地域社會以及人類整體社會。因此，家庭情感的和諧和平衡，就顯得更為重要。作為覺悟的作家，對社會有著強烈的責任感，同時，也十分重視人性與愛情對社會的高度責任感。在愛情審美中，理性和感性雙重交融中，完成人的內在需求，有時要適度地超越現實功利，享受到精神快樂。

人性具有多重性、客觀性的特徵。琦君的小說與散文對人性的描述不是一邊倒，而是從多重性格中展示出美與醜的交際。正如臺灣作家白先勇指出，琦君的〈橘子紅了〉正是大伯與大媽這些「好人」「卻往往做出最殘酷、最自私的事情來——這才是琦君作品中驚人的地方。論者往往稱讚琦君的文章充滿愛心，溫馨動人，這些都沒有錯，但我認為遠不止此。往往在不自覺的一刻，琦君突然提出了人性善與惡、好與壞，難辨難分，複雜曖昧的難題來，這就使她的作品增加了深度，逼使人不得不細思量了。」（白先勇〈棄婦吟〉，《橘子紅了》總之，讀琦君小說與散文的審美過程，就是使人培植有益於社會大眾的感情，消除有害於社會大眾的感情過程。琦君的文學就是以美與善的結合，開啟人們對生活中真、善、美的感悟，反對各種偏激狂熱的刺激感情，善待優化心靈家園的綠洲被植。

四、心靈情感美

我們從文學美育的直接審美功能來看，文學並非直接影響到人們日常生活的行為規範與倫理道德的方向，而是一種薰陶與潛移默化的過程。薰陶是一種心靈與情感的感染。這種感染彷彿煙薰竹簡，刻骨銘心地影響著，具有潛移默化的功能。人的社會化過程，就是一種社會化審美的過程。特別對於青少年時代社會化過程的心靈美育薰陶，顯得更為重要。

情感決定著一個人的氣質和性情。也可以說有什麼樣的情感就有什麼樣的性情。情感的豐富性，能優化人的倫理道德和社會的責任感。由情而感，由感而情，兩者是相互相承的。琦君的小說〈錢塘江畔〉，寫一位女子大學生小喬受到同學韋明峰的追求。小喬表面上故作鎮定，無所表現，但內心卻是在激蕩的愛情衝擊之中。後來，韋因搶救潮沖中的錢塘大橋工人而捨身，給小喬造成了終生的遺憾。從而寫出了一位十分可愛的青年，為了搶救他人的生命，而不幸地去世，給愛情帶來了無盡的悲哀。使人對小喬的初戀深情與韋明峰的高尚人倫道德，產生了深深地敬意，給讀者帶來了感受到主人公的心靈情感美。

文學藝術的最大審美功能是豐富人的情感，培養高尚的情操。人的情感產生和培養過程，正如一顆大自然中風吹落地的種子，經過自然風物的培植，自由自在地生長在曠野裡一樣，有著它自身的豐富生命歷程內涵。琦君的文學作品是一個非常豐富的情感世界。她的情感世界是一個由詩與生活構成的美妙世界。無論讀她的小說、散文、詩詞都是有這麼一種美感的力量在吸引著我們。比如她對恩師的敬仰與愛戴，對母親的理解和同情，對低級階層的悲憫和關愛，對生物、生態的關注與憐惜，都注以豐富的情感內涵。這些豐富的情感內涵，對讀者具有極高的審美感應。特別是鄉愁的情感，給予那個時代遠離故鄉、漂泊他鄉的遊子，慰藉了他們心中無限愁緒的痛苦。這種情感特別表現在童年純淨感情的回憶。因為童年生活的情感維繫在瞬間的感受，而感受的情感經過距離的隔遠和思緒的沉澱，時間的延伸，到了某種時刻需要慰藉心靈上悵惘的時候，尋找鄉愁的寄寓的情感來到了，就成為潛在的恆久不移的精神能量，使鄉愁文化情感維繫了強烈的生命力。

我們將琦君的文學成就作為人文思想的成果來理解，感覺到裡面彷彿潛流著時代精神的脈絡，蘊意著豐富的文化內涵，具有與時俱進的恆在價值意義。特別是在當前世界文化交流、衝突、變革過程中，跨文化溝通日趨激烈、頻繁之際，社會制度、倫理道德、行為規範諸方面的秩序播遷，更是日新月異。如何從中國人文精神中，尋找新的觀點與詮釋意義，發揚自身的優良文化精神，顯得十分重要。所以，我們既要鞏固傳統文化思想，更要融入世界交流之中，吸收他人的文化思想成果，完善自己、優化自己。中國文化價值有著自身的特點，隨著現代社會文明秩序的重構，面臨著現代化文化精神挑戰的回應，如何從中國自身文化成果中，尋找新的詮釋的依據，將中國優秀文化精神轉化為現代文明重構的有用資源。

第四章　琦君與現代作家的文學比較

二十世紀初期是中國作家進入白話文創作的開創期，不僅語言風格有著創新的原創性，而且文化思想也處於中西文化匯合與衝撞期。在這個文化與文學的變革時期中，琦君作為一個受到二十世紀初期白話文運動影響的作家，在二十世紀中葉起，她進入了文學創作的高潮。作為現代作家的琦君，有她獨特的文學創作理念和文學風格。她既受到傳統文化的深刻影響，又具有開放性西方文化理念的滲透。現在，我們將她放在二十世紀中國現代作家背景中，開闢一個獨特的視角，將她跟現代著名作家進行一番比較，是有著深遠的文化意義。

文學藝術創作是一個作家綜合的智慧體現，有它獨特性的創造思維規律。評價一位作家的藝術成就，很難作出量化的科學性判斷，也不可能用某一種理論邏輯來判定某作家藝術成就的優劣。作為文學作品所蘊有豐富的文化內涵，是由各自個性不同的作家，構成具有自己文學創作的情感、思維、價值觀念的定向。這種文學創作的思維定向，也不是一成不變的。一個作家一生從事文學創作的思維方法，也是處於不斷變化的動態之中。因此，我們評價一位作家，特別是現代作家，只能從其所表現的題材以及文化內涵、藝術特徵來認識其文學風格。文學風格是有差異的，差異的文學風格也並不決定於作品的優劣，或者是說明作品所具有的價值與生命力。文學作品的價值與生命力，很大的程度上，取決於作品所包含「文化意味」的廣度與深度，以及經過時間和讀者的考驗來決定的。

為了更深入研究理解琦君的文學意蘊和文學藝術特質，在此，將與琦君文學藝術有著某種「內在通約」之處的現代著名文學家魯迅、周作人、朱自清、沈從文、張愛玲、冰心、楊絳的文學作品，進行多層次的比較，從他們之間的文學藝術特色與作品所蘊藏的文化內涵，以及人性諸方面出發，既探索他們之間文學風格的差異，又幫助理解琦君的文學所表現文化意味的特色。

壹　周氏兄弟與琦君的故鄉情結

故鄉的情結是作家心靈的一片原始森林地帶，裡面蘊藏著十分豐富的文化物產。將周氏兄弟魯迅、周作人的故鄉情結跟琦君的故鄉情結進行一番比較，頗有意味的是，使人發現兩者之間的文化性格與文學風格，都有著明顯的差異。但是，情感的共性體現了人性「審美同向」的一大美學特徵。

我們將魯迅的散文跟琦君的散文進行比較，本身就具有極大的趣味性。魯迅的文風像匕首、槍彈，尖銳而充滿著戰鬥的力量。他那鋒利的文筆和敏銳的目光，以及無情揭露敵手的性格，往往令人有驚心動魄之感。琦君那溫柔雅致的文風，跟魯迅相比，簡直是暴風驟雨與和風細雨，高山峻嶺和小橋流水。然而，我們若從另一個視野出發，卻可以發現他們有著內在聯繫之處。特別是他們對故鄉的童年與故鄉的文化皆有著十分深沉的依戀。我們讀魯迅的〈故鄉〉、〈從百草園到三味書屋〉、〈戲社〉，和琦君的〈一對金手鐲〉、〈燈景舊情懷〉以及寫故鄉的散文，就會發現他們筆下所反映的文化情感和人性美感有著相互通約之處。

對勞動大眾的關愛與注入同情的理解，魯迅跟長工的兒子少年閏土的接觸交往，是有著深沉的感情。在他筆下的少年閏土充滿著鄉村活潑靈趣的形象：「深藍的天空中掛著一輪金黃的圓月，下面是海邊的沙地，都種著一望無際的碧綠的西瓜，其間有一個十一、二歲的少年，項帶銀圈，手捏一柄鋼叉，向一匹猹盡力的刺去，那猹卻將身一扭，反從他的胯下逃走了。」魯迅初識閏土是「閏土來了，我便飛跑的去看。」「他見人很怕羞，只是不怕我，沒有旁人的時候，便和我說話，於是不到半日，我們便熟識了。」他跟閏土學到了許多新鮮的知識，去海邊看西瓜，捉跳跳魚，大雪天捉鳥。閏土教他雪天捕鳥，「下了雪，我掃出一塊空地來，用短棒支起一個大竹匾，撒下秕穀，看鳥雀來吃時，我遠遠地將縛在棒上的繩子只一拉，那鳥雀就罩在竹匾下了。什麼都有：稻雞、角雞、鵓鴣、藍背……」這種兩個階層童年的友誼，深深地留入了魯迅童年的心靈裡：「正月過去了，閏土須回家裡去，我急得大哭，他也躲到廚房裡，哭著不肯出門，但終於被他父親帶走了。他後來還託他的父親帶給我一包貝殼和幾支很好看的鳥毛，我也曾送他一兩次東西，但從此沒有再見面。」跟閏土的交往，使魯迅感到「閏土的心裡有無窮無盡的希奇的事，都是我往常的朋友所不知道的。他們不知道一些事，閏土在海邊時，他們都和我一樣只看見院子裡高牆上的四角的天空。」然而，生活在低層和經歷過貧困折磨的閏土，長大後失去了往日的靈氣。魯迅對這位少年的朋友注入了深切的同情：「雖然我一見便知道是閏土，但又不是我這記憶上的閏土了。他身材增加了一倍；先前的紫色的圓臉，已經變作灰黃，而且加上了很深的皺紋；眼睛也像他父親一樣，周圍都腫得通紅，這我知道，在海邊種地的人，終日吹著海風，大抵是這樣的。他頭上是一頂破氈帽，身上只一件極薄的棉衣，渾身瑟索著；手裡提著一個紙包和一支長煙管，那手也不是我所記得的紅活圓實的手，卻又粗又笨而且開裂，像是松樹皮了。」更為可憐的是閏土「臉上現出歡喜和悲涼的神情；動著嘴唇，卻沒作聲。他的態度終於恭敬起來了，分明的叫道：『老爺！……』，又對他的兒子水生說：「水生，給老爺磕頭。」「便拖出躲在背後的孩子來，這正是一個廿年前的閏土，只是黃瘦些，頸子上沒有銀圈罷了。」為此，魯迅「似乎打了一個寒噤；我就知道，我們之間已經隔了一層可悲的厚障壁了。我也說不出話。」（〈故鄉〉）魯迅的偉大就偉大在，讀者可以從這些語言中讀出他對社會階層不平等所造成的隔膜的憎恨，對勞動大眾注以極度關懷和不平的憤慨。如何使社會大眾處於平等的狀態，解除勞動大眾悲慘的命運，改變這種吃人的舊社會的狀況，成為魯迅文學創作表現深刻思想的另一大主題。

琦君也有她童年的朋友，她在〈一對金手鐲〉裡寫的阿月，是她奶媽的女兒。她初識阿月「七歲時，母親帶我回家鄉，第一件事就是去看阿月」，「阿月拉著我到後門外矮牆頭坐下來。她摸摸我的粗辮子說：『你的頭髮好烏啊。』我也摸摸她細細黃黃的辮子說：『你的辮子像泥鰍。』她啜了下嘴說：『我沒有生髮油抹呀。』我連忙從口袋裡摸出個小小瓶子遞給她說：『啵，給你，香水精。』」「我戴的是一對金手鐲，母親從我手上脫下一隻，套在阿月手上說：『你們是親姊妹，這對金手鐲，還是一人一隻。』」她們之間還「彼此互贈了好多禮物，她送我用花布包著樹枝的坑姑娘（鄉下女孩子自製的玩偶）、小溪裡撿來均勻的圓卵石、細竹枝編的戒指與項圈。我送她大英牌香煙盒、水鑽髮夾、印花手帕，她教我用指甲花搗出汁來染指甲。」這種童年的友誼，隨著年齡增大和家庭變故，一個成為潘宅莊園的大小姐，一個做了人家的童養媳，兩種階層的差異自然也產生了她們之間的隔膜，十八歲的琦君還是讀書的學生，但阿月已經是「背上背一個孩子，懷中抱一個孩子，一襲花布衫褲，像泥鰍似的辮子已經翹翹的盤在後腦。」「她竟喊了我一聲：『大小姐，多年不見了。』我連忙說：『我們是姊妹，你怎麼喊我大小姐？』」誠然，儘管琦君和阿月，跟魯迅和閏土兩者童年友誼的表現方式不同，但是，琦君跟魯迅一樣，深切地感受到自己：「我忽然覺得我們雖然靠得那麼近，卻完全生活在兩個世界裡。」然而，人生的際遇和童年的友誼，使琦君深切地感受到，她們兩人之間的情誼：「我望著菜油燈燈盞裡兩根燈草芯，緊緊靠在一起，一同吸著油，燃出一朵燈花，無論多麼微小，也是一朵完整的燈花。我覺得和阿月正是那朵燈花，持久地散發著溫和的光和熱。」一對金手鐲也成為兩種命運的象徵。阿月自言自語著：「這隻手鐲，是你小時回來那次，太太給我的。周歲給的那隻已經賣掉了。因為爸爸生病，沒錢買藥。」琦君的那隻金手鐲，「戰時肄業大學，學費無著，以及畢業後的轉徙流離，為了生活，萬不得已中，金手鐲竟被我一分分、一錢錢地剪去變賣，化作金錢救急。到臺灣之初，我化去了金手鐲的最後一錢，記得當我拿到銀樓去換現款的時候，竟是一點感觸也沒有，難道是離亂喪亡，已使此心麻木不仁了？」

這兩位作家對童年的夥伴都傾注著對勞動者命運的關注，表示深切的同情，並對社會造成不合理的等級階層和人際隔膜，多著筆墨描寫。琦君的細膩文學風格，在文學思想上，雖不如魯迅的深刻，也沒有高瞻遠矚的改革社會目光。但是，作為文學藝術的特色，琦君的〈一對金手鐲〉，即使列入世界名作之林也無愧色（著名學者夏志清語）。

故鄉童年生活的意趣，是人生道路上一盞盞五彩的燈籠。每當回首，便會引人興起無數的留戀。魯迅童年去看戲社，一路上是那麼充滿著鄉村水鄉的野趣。「兩岸的豆麥和河底的水草所發散出來的清香，夾雜在水氣中撲面的吹來；月色便朦朧在這水氣裡。淡黑的起伏的連山，彷彿是踴躍的鐵的獸脊似的，都遠遠的向船尾跑去了，但我——那聲音大概是橫笛，宛轉，悠揚，使我的心也沉靜，然而又自失起來，覺得要和他彌散在含著豆麥蘊藻之香的夜氣裡。」琦君的童年喜歡去看龍燈、看戲社，她跟外公常常冒著大雪去看戲，「紅燈籠的光影，晃晃蕩蕩地映在雪地上，真的就暖和起來了。」「雙手緊緊捏著外公那件結實的粗布大棉襖，踩著他的大釘鞋腳印，跟著那盞映在雪地裡的紅燈籠一步一步向前走。」使人感到耐人尋味的是，兩位作家都不是直接寫戲社的情況，而是借助富有意趣的生活細節，表達了對故鄉童年生活的神往和回望。

這種神往和回望，正是作家在尋找著童年生命精神的根。魯迅對鄉村生活的回望，是社會思想家具有社會性的大眾審美導向；琦君則是對故鄉親人的思念，這種回望因生命漂泊而產生人性化的追尋精神。

對故鄉風物的追憶，也是一道心靈風景的標識。魯迅在〈從百草園到三味書屋〉一文裡，寫到「我家的後面有一個很大的園，相傳叫作百草園。」「不必說碧綠的菜畦，光滑的石井欄，高大的皂莢樹，紫紅的桑椹；也不必說鳴蟬在樹葉裡長吟，肥胖的黃蜂伏在菜花上，輕捷的叫天子（雲雀）忽然從草間直竄向雲霄裡去了。單是周圍的短短的泥牆根一帶，就有無限趣味。油蛉在這裡低唱，蟋蟀們在這裡彈琴。」「何首烏藤和木蓮藤纏絡著，木蓮有蓮房一般的果實，何首烏有臃腫的根。」「如果不怕刺，還可以摘到覆盆子，像小珊瑚珠攢成的小球，又酸又甜，色味都比桑椹要好得遠。」他筆下的私塾先生是「他是一個高而瘦的老人，鬚髮都花白了，還戴著大眼鏡。我對他很恭敬，因為我早聽到，他是本城中極方正，質樸，博學的人。」同樣，從琦君的散文裡，讀到了琦君童年生活的潘宅莊園裡，生長著茂盛的奇花異草，和她啟蒙師的形象，在她幼小的心靈留下了深刻的記憶，也為讀者寫下了美好的追憶。這些作品跟魯迅筆下的百草園和私塾先生一樣，都有著異曲同工的心靈感應。

故鄉在魯迅心中是美好的，充滿著詩意的幻境。但在那特殊的時代與特殊的情感中，在現實變化中的故鄉，使魯迅在深深的思戀故鄉之中，產生了對祖國和社會深沉的憂患感。他在〈故鄉〉一文中所說的話，正是表現了這麼一種深刻的情感意味：「漸近故鄉時，天氣又陰晦了，冷風吹進船艙中，嗚嗚的響，從蓬隙向外一望，蒼黃的天底下，遠近橫著幾個蕭索的荒村，沒有一些活氣。我的心禁不住悲涼起來了。」「我所記得的故鄉全不如此。我的故鄉好得多了。但要我記起他的美麗，說出他的佳處來，卻又沒有影像，沒有言辭了。彷彿也就如此。於是我自己解釋說：故鄉本也如此──雖然沒有進步，也未必有如我所感的悲涼，這只是我自己心情的改變罷了，因為我這次回鄉，本沒有什麼好心緒。」這些語言，能夠使讀者結合當時的時代背景和魯迅對當時的社會理想和願望，產生許多聯想，從而深刻地理解，魯迅作品是具有情感的深沉性和思想的意味性。

魯迅一直生活在故鄉，情戀在建立中國文化思想的基點上。他文學生活之根，完全是札在故鄉的故土大地上。周作人還專門為考證魯迅的文學作品裡有關故鄉的內容，寫了一本二十多萬字的《魯迅的故家》。跟魯迅不同的是，遠離故鄉，漂泊到臺灣、美國的琦君，對故鄉的愁緒，充滿著熱切回望的渴望。她沒有以敏銳的政治目光去認識故鄉，而是以自己戀鄉思鄉的情懷，去憑弔一番內心渴望了解故鄉、回歸故鄉的無限感慨與滿懷愁緒。因為使她魂牽夢繞的故鄉，永遠是她心靈中美麗的精神怡樂園。沒有了故鄉，叫她如何生活呢？她是以情感和情緣作為自己生命存在和精神寄託的作家。她是一位情感型的作家，不敢直面血淋淋的人生。

雨是歷代文人鄉愁情戀的符號。周作人對故鄉的思戀，也往往在雨中得到一種心靈的寄託。這個以苦雨齋為號的文人，自然愛雨。他愛故鄉紹興的雨。他在〈苦雨〉一文中寫道：「臥在烏篷船裡，靜聽打篷的雨聲，加上欸乃的櫓聲以及『靠塘來，靠下去』的呼聲，卻是一種夢似的詩境。」這是一種江南文化特色的雨戀。他不喜歡北京的雨，他說：「我住在北京，遇到這幾天的雨，卻叫我十分難過。」「那樣嘩喇嘩喇的雨聲在我的耳朵已經不很聽慣，所以時常被它驚醒，就是睡著也彷彿覺得耳邊粘著麵條似的東西，睡的很不痛快。」他在〈風雨談〉一文中說：「風雨淒淒以至如晦，這個意境我都喜歡，論理這自然是無聊苦寂，或積憂成病。」周作人為何喜歡這種「無聊苦寂，或積憂成病」的雨境？這也許跟苦雨齋主人後來的憂鬱性情有著某種相互聯繫之處。從周作人的人生歷程來理解這種「無聊苦寂，或積憂成病」的雨境，自然使人了解到更多的文化情感秘密。

苦雨齋老人還喜愛在廁所裡聽雨，他在〈入廁讀書〉一文中，寫道：「只要有屋頂，有牆有窗有門，晚上可以點燈，沒有電燈就點白蠟燭亦可，離住房不妨有二、三十步，雖然也要用雨傘，好在北方不大下雨。如有這樣的廁所，那麼上廁時隨意帶本書去讀讀我想倒還是嘸啥的吧。」他還引用日本作家谷崎潤一郎的《攝陽隨筆》文中所說：「我很喜歡在這樣的廁所裡聽蕭蕭地下著的雨聲。特別在關東的廁所，靠著地板裝有細長的掃出塵土的小窗，所以那從屋簷或樹葉上滴下來的雨點，洗了石燈籠的腳，潤了砧腳石上的苔，幽幽地沁到土裡去的雨聲，更能夠近身地聽到。」

從中可見，周作人所喜愛的雨，是一種文人閒適清逸的雨。在這種雨聲中，讀書或聽雨，得到的是一種悠閒的生活樂趣。這是周作人的文人雅致，也是他的性情所決定的雨趣文化意味。

琦君對故鄉的雨，則是以深沉的感受，表述她那種平實的性格裡，純真樸素的鄉戀情感。她在〈下雨天，真好〉一文中說：「雨下得愈得愈大好……陰溝裡水滿了，白繡球花瓣飄落在爛泥地和水溝裡。我把阿榮伯給我雕的小木船漂在水溝裡，中間坐著母親給我縫的大紅『布姑娘』。繡球花瓣繞著小木船打轉，一起向前流。」是的，對琦君來說

「雨令人起無限的懷舊之情。」「我追憶著故鄉西子湖頭許多雨中的趣事，也懷念書文而壁上用松樹皮拼成的『聽雨樓』三字，臉上不自覺地泛起了微笑，心頭漾溢著的是溫暖而不是悵惘。」琦君心中的雨，是一種戀鄉思親的情感符號。這個情感符號裡面蘊藏她十分豐富的文化和情感的意味。只有細心的讀者，了解了琦君全部人生歷程和苦難的身世，才能悟解其中的意味。

魯迅和周作人都喜愛故鄉的食物。魯迅在《朝花夕拾》的〈小引〉中說「我有一時，曾經屢次憶起兒時在故鄉所吃的蔬果：菱角，羅漢豆，茭白，香瓜，凡這些，都是極其鮮美可口的；都曾是使我思鄉的蠱惑。」周作人喜歡吃故鄉的紹酒。他寫文章喜歡考證，以學問來闡述故鄉的食物，他還寫了紹興的〈臭豆腐〉、〈醃魚臘肉〉、〈羅漢豆〉等文章。特別在〈故鄉的野菜〉一文中寫道：「掃墓時候所常吃的還有一種野菜，俗名草紫，通稱紫雲英。農人在收穫後，播種田內，用作肥料，是一種很被賤視的植物，但採取嫩莖瀹食，味頗鮮美，似豌豆苗。花紫紅色，數十畝接連不斷，一片錦繡，如鋪著華美的地毯，非常好看，而且花朵狀若胡蝶，又如雞雛，尤為小孩所喜。」此文讀來，令人從平淡的文章中，感受到老人經過人生風雨之後，晚年對故鄉留戀的情感。

跟周作人不同的是，琦君不是以學問來考證故鄉的食物，而是以自己直接的生活感受來寫故鄉的爛腳糖、桂花糕、豆沙糕、茯苓糕等家鄉風情食物。其間的文采意趣，或者夾雜一些人與事的敘述，或者對人生滄桑的感慨，讀來自然令人產生對作家的童年生活意趣和對家鄉思念的無限情懷。

魯迅的散文具有思想性，周作人的散文具有學術性，琦君的散文則具有抒情性。魯迅是一位以變革社會進步為宗旨的作家，他對故鄉的情結，是一種企盼改革故鄉的陳舊精神面貌，激發社會的高度使命感和責任感，在精神上得到寄託。周作人對故鄉的情結，是一種對性情與文化上的思戀，在性情與文化中得到精神的寄託。周氏兄弟的生命漂泊，在政治風雲變幻中，他們一直生活在中國大陸，雖然他們在日本生活過一段時間，但沒有一種因戰爭而產生長期與故鄉隔絕的思戀痛苦。這是一種社會性的責任感的情結。但琦君則是在命運的波折和人生漂泊的痛苦失望中，因戰爭的隔絕和遠離故鄉生活在美國，而產生的鄉愁情結。她那種淡淡的鄉愁，是以濃烈的文化情感寄託精神家園的故鄉情結。琦君跟魯迅、周作人之間的各自政治人生和社會人生，以及文化性情的差異，自然也構成了他們之間文學思想和文學風格的差異。

貳 朱自清的〈背影〉與琦君的〈髻〉

朱自清是中國現代著名的散文大家。他的散文創作開闢了中國現代散文的新風格，是一位重要的劃時代性散文作家。他是琦君的前輩作家，也許琦君是讀著他的作品長大的。他們都屬於情感型的作家。但他們之間的散文創作又各具自己的風格。在這裡將朱自清的〈背影〉與琦君的〈髻〉兩篇散文進行比較，發現裡面有著相通的共同點，都是以人性出發，對親情寄寓著深刻的情懷。朱自清的〈背影〉是一篇對父愛的高度讚美，流露出父親人生生存的艱難與生命的勞頓，由衷地感慨歲月不饒人的人生蒼涼，表述了感人的父子之情。琦君的〈髻〉描述母親的善良仁慈和傳統東方女性的美德，反映那個時代女性內在心靈被壓抑的痛苦，表現出母親逆來順受的殘酷人生及其苦難的遭遇。

朱自清與琦君在寫作過程中，分別借助「背影」與「髻」的形象符號，來表現文學作品所反映的內在思想和文學藝術。前者以速寫的筆法，彷彿國畫家齊白石的沒骨花鳥，以精簡的筆法之美，傳遞逼真的神采，寫出了父親「背影」的傳神形象，將父親不同於母親的愛子之情的內在心靈世界蘊含其間，給人以更多的想像與聯想的空間。以深刻的傳神之筆，寫出了父親將愛子之心，深藏於精神世界之中。這是中國父親的特徵。後者則以中國畫工筆勾勒重染的手法，彷彿國畫家于非闇的工筆畫花鳥，寫出了母親那舉止細膩的形象。以「髻」密而疏的變化流程，表述了母親善良仁慈，端莊寬厚的行藏，給人以從生活的細節中，感受母親多愁善感的情感意味。以細緻感人的筆調，寫出了感人至深的母愛的偉大精神。這是中國母愛的特徵。

朱自清是一位學者型作家，琦君是一位詞人作家。他們十分重視情感的表述，朱自清以簡約的筆法，注重於內涵的思想蘊意；琦君則以白描填色的形式，側重於感情流露的表述。

朱自清在〈背影〉中寫父親的形象：「我看見他戴著黑布小帽，穿著黑布大馬褂，深青布棉袍，蹣跚地走到鐵道邊，慢慢探身下去，尚不大難。可是他穿過鐵道，要爬上那邊月臺，就不容易了。他用兩手攀著上面，兩腳再向上縮；他肥胖的身子向左微傾，顯出努力的樣子。」「過鐵道時，他先將橘子散放在地上，自己慢慢爬下，再抱起橘子走。」「等他的背影混入來來往往的人裡，再找不著了，我便進來坐下，我的眼淚又來了。」

這些微小精確的細節，正是一個父親對兒子無限關愛的情感。讀朱自清的〈背影〉，使人感到朱自清筆下的父親，彷彿是讀者自己的父親，一種深沉的父愛深深地融鑄在其中。特別是上了年紀的人，自覺或不自覺地想起了自己那個時代的父親形象、行為、情感來了。

琦君在〈髻〉裡寫道：「母親年輕的時候，一把青絲梳一條又粗又長的辮子，白天盤成了一個螺絲似的尖髻兒，高高地翹起在後腦。」「母親烏油油的柔髮卻像一匹緞子似的垂在肩頭，微風吹來，一綹綹的短髮不時拂著她白嫩的面頰。」後來，父親有了二姨媽，「我手中捏著母親的頭髮，一綹綹地梳理，可是我已懂得，一把小小黃楊木梳，再也理不清母親心中的愁緒。因為在走廊的那一邊，不時飄來父親和姨娘琅琅的笑語聲。」「我長大出外讀書以後，寒暑假回家，偶然給母親梳頭，頭髮捏在手心，總覺得愈來愈少。想起幼年時，每年七月初七看母親烏亮的柔髮飄在兩肩，她臉上快樂的神情，心裡不禁一陣陣酸楚。母親見我回來，愁苦的臉上卻不時展開笑容。無論如何，母女相依的時光總是最最幸福的。」母親的髮髻，是一個人生的流程，也是感情的流程，裡面蘊含著母親的辛酸往事。讀了琦君的這段文字，使人感到滄桑的歲月蝕食了母親的青春年華，母親的艱難生活與心靈的痛苦，是多麼令人感到哀嘆！

一個「背影」，由遠視的「背」與「影」，使人悟想到父愛與人生的艱難，表達作家性格的剛毅與意境的蒼茫悠遠感，朦朧中透露出深蘊的人生哲理。一個「髻」，由「密」而「疏」的歷程，使人想到母愛與親情的複雜的情感，表達了作家從柔情溫存的春木夏翠到秋肅疏林的情感，澹泊中表現出人生無奈消逝與情愛複雜的痛苦情懷。

我們再將朱自清與琦君筆下的荷花進行一番比較。朱自清在〈荷塘月色〉中寫了荷花的景象：「曲曲折折的荷塘上面，彌望到的是田田的葉子。葉子出水很高，像亭亭的舞女的裙。層層的葉子中間，零星地點綴著白花，有嫋娜地開著的，有羞澀地打著朵兒的；正如一粒粒的明珠，又如碧天裡的星星，又如剛出浴的美人。微風過處，送來縷縷清香，彷彿遠處高樓上渺茫的歌聲似的。這時候葉子與花也有一絲的顫動，像閃電般霎時傳過荷塘那邊去了。葉子本是肩並肩密密地挨著，這便宛然有了一道凝碧的波浪。」從荷花那葉態、清香、花姿的視覺、聽覺、味覺帶動通感的美感。寫得如此細膩動人。這表明了朱自清在美的審美情感和醜惡的現實衝突中，為了排除精神上的憂憤，尋找著一種美的精神家園，激發了一種渴望世外桃源的憧憬和嚮往。這樣清華園的荷塘月色，也就成為朱自清自我精神寄託的家園！

琦君在〈西湖憶舊〉中「接天蓮葉無窮碧，映日荷花別樣紅」的西湖，則是「把小小船兒搖進荷葉叢中，頭頂上綠雲微動，清香的湖風輕柔地吹拂著面頰。耳中聽遠處笙歌，抬眼望天空的淡月疏星。此時，你真不知道自己是在天上還是人間。如果是無月無燈的夜晚，十里寬的湖面，鬱沉沉的，便有一片煙水蒼茫之感。」琦君對西湖十里煙波的「圓荷滴露寄相思」，正是因生命的漂泊，對故鄉荷花煙波的追憶和嚮往，作為一種消解鄉愁內心的痛苦。那荷花綠雲清香跟淡月疏星，煙水蒼茫，構成了琦君的審美景觀。這是西湖荷花，也就成了琦君思戀故鄉的精神家園。

作為一位有成就的作家，讀他的每一篇文章，都要結合他的全部人生經歷和文化性情，才能深入理解作品其中的文化蘊意。這樣，荷花也就成為朱自清與琦君的各自心靈中，「一道凝碧的波浪」和「一片煙水蒼茫」的情感。

叁　沈從文的《邊城》與琦君的〈橘子紅了〉

沈從文是中國現代著名的作家，他的小說《邊城》，在中國現代文學史上具有很高的文學地位。沈從文與琦君的文學創作都是以表現自身生活的地域文化為特色的作家。沈從文以湘西秀麗的水鄉風情民俗為出發點的散文代表作有《湘行散記》，小說代表作有《邊城》；琦君以江南溫州丘陵水鄉的風情民俗為特色的散文代表作有《燈景舊情懷》，小說代表作有《橘子紅了》。兩位作家雖然都是以自身的生活境況出發進行創作，但由於出身的地域地理環境與文化背景的差異，所表述的文學作品自然是兩種不同的風格。沈從文所寫的湘西風情散文，是以湘西地理文化和人文背景來描述湘西的山水民俗風情特色。琦君所寫的貴族生活文化散文，是以注重於物化審美情感，來抒發對故鄉的無限戀思之情。

《邊城》寫湘西水鄉的清麗山水風光，反映湘西人追求純淨愛情之美，以及純樸善良的渡船老人和清純淨麗的翠翠美麗的心靈。寫出了湘西人憨厚純樸的善良心田，對待人生與愛情宛如湘水清澈透明，以及湘西人端午節與戲水摯鴨等動人可愛的民俗風情。

〈橘子紅了〉寫江南大戶人家，一位年輕的姑娘秀芬因被迫嫁給大她二十多歲的大伯為姨，誘發了大伯兄弟六叔對秀芬的一段戀情。大伯與秀芬生活了一月之後，便到杭城去了。後來秀芬因難產而去世，了卻一段青春年華。小說的故事則如江南丘陵水鄉，曲折多變，複雜迷離。同時，也寫了溫州的結婚吃湯圓，吃梨不分吃，到寺廟求籤問夢等地域民情風俗。

《邊城》語言清麗，徐徐道來，自在從容，使人讀之彷彿輕舟流水自然行駛之美感。〈橘子紅了〉語言自然，情節起伏，複雜多變，給人以情感激烈之感。非常有意思的是，從地域文化來認識，三〇年代的湘西處於當時中國較為封閉的西部地帶，民風習俗與愛情婚戀，也是處於一種純情自然的狀況。三〇年代的溫州則是處於受到上海等地新文化的撞擊中，對待新思潮的愛情開始衝擊著傳統婚姻意識。雖然，大伯還娶三房四妾，但整個社會的民俗風情與家庭婚姻意識正處於遽變的萌芽狀態之中。誠然，作家潛心於生活境狀之中，全心神地貫通於生活環境中，文學作品所表現的蘊意就是具有明顯的時代烙印和強烈的個性，以及地域文化的特徵。

《邊城》注重於審美境況的描述，翠翠的悵惘婚姻，給人以一種淒涼的美，翠翠的爺爺去世了，美麗善良的翠翠仍在渡船之中。〈橘子紅了〉注重於理性的反思，秀芬的不幸婚姻，給人以震盪的悲劇感，是以美的毀滅來提示舊禮教殺人如麻的罪惡。《邊城》突出了湘西水鄉的美，寫水寫水鄉是沈從文的文學特徵。在他筆下的水鄉是「白河下游到辰州與沅水匯流後，便略顯渾濁，有出山泉水的意思。若溯流而上，則三丈五丈的深潭皆清澈見底。深潭為白日所映照，河底小小白石子、有花紋的瑪瑙石子，全看得明明白白。水中游魚來去，全如浮在空氣裡，兩岸多高山，山中多可以造紙的細竹，長年作深翠顏色，逼人眼目。近水人家多在桃杏花裡，春天時只需注意，凡有桃花處必有人家，凡有人家處必可沽酒。」沈從文筆下湘西之水，正是象徵了翠翠清麗自然的性情品格。〈橘子紅了〉突出了溫州特產甌橘的特徵。甌橘又名甌柑。甌柑是溫州特產，有二千四百年的栽培歷史。宋元明清均被朝廷列為貢品。在琦君的潘家大莊園裡就植有一片橘林。在琦君筆下的橘林是「抬頭望遠處，紅日銜山，天邊一抹金紅，把一樹樹的橘子都照紅亮了。橘子還是青的，結得很密。六叔告訴過我，要把每一枝上小的橘子摘掉，剩下大的，才會長得又大又甜。」顯然，在琦君筆下的小橘子正是象徵了秀芬的不幸命運。

故鄉的情結是沈從文和琦君文學創作的共同母題。沈從文與琦君都是鄉下出身，對故鄉有著強烈的情戀。沈從文在〈習題〉裡說：「我實在是個鄉下人，說鄉下人我毫無驕傲，也不在自貶。鄉下人照例有根深蒂固永遠是鄉巴佬的性情，愛憎和哀樂自有它獨特的式樣，與城市中人截然不同！他保守、頑固、愛土地，也不缺少機警，卻不甚懂詭詐。他對一切事照例十分認真，似乎太認真了，這認真處某一時就不免成為『傻頭傻腦』。」琦君雖然沒有直接說自己是鄉下人，但她出身於溫州鄉下的瞿溪，在那裡度過了十二年的童年時光。她說自己「我若能忘掉故鄉，忘掉親人師友，忘掉童年，我寧願擱下筆，此生永不再寫」。她的散文就是以寫童年故鄉的風土人情而風靡世界。

文學創作對往昔生活的追憶和感情的回望，也是作家為自己留下一片心靈的淨土世界，讓世人共同品味其間人生意味。沈從文曾經表明自己的文學創作目的是「用一枝筆來好好保留最後一個浪漫派在二十世紀生命取予的形式」。他在談到《邊城》創作時說：「我的過去痛苦的掙扎，受壓抑無可安排的鄉下人對於愛情的憧憬，在這個故事上，方得到排洩與彌補。」這正如琦君談創作〈橘子紅了〉的題旨：「如再不寫的話，我那些敬愛的親人長輩刻骨銘心的創痛，默默認命的受苦與犧牲，豈非永不為世人所知？我又豈能甘心？又怎麼對得起他們呢？」

沈從文和琦君都是唯美主義的作家。沈從文對美的追求和執著，是脫俗的，具有理想性的感情。儘管他寫的小說題材廣泛，但總是緊緊地圍繞著意圖改善社會人際關係的理想道德的精神世界。他在〈水雲〉中談到自己的文學創作時說：「不管是故事還是人生，一切都應當美一些！醜的東西雖不是罪惡，可是總不能令人愉快。我們活到這個現代社會中，被官僚、政客、銀行老板、理髮匠和成衣師傅，共同弄得到處是醜陋，可是人應當還有個較理想的標準，也能夠達到那個標準，至少容許在文學藝術上創造那標準。因為不管別的如何，美應當是善的一種形式！」沈從文的文學創作觀跟琦君也有著極大的相似之處。琦君認為，在生活中已經有著太多的殘酷與醜陋，文學作品要挖掘表現生活中美的精神和善的道德倫理，成為美的使者，使讀者的心靈善良起來，把從文學中所得到的美的感悟，帶到大眾生活中去。她曾經說過：我們深切地期望每一個中華兒女，都能沐浴於先聖孔子所啟示我們偉大的仁愛之中，超越於人為的暫時隔閡，以真善美一致的文學作品，使心靈得以交流。

沈從文和琦君的文學觀，也就是註定了他們文學創作的主題方向，通過美的藝術，陶冶讀者美的情感。

肆　張愛玲的〈金鎖記〉與琦君的〈梅花的踪跡〉

張愛玲與琦君作為女性作家，往往以細膩豐富的細節來表述生活的現象，傳達溫柔體貼的情感。這似乎是張愛玲與琦君的文學創作的相似之處。張愛玲的小說，不是以複雜的故事與變幻的情節，來構成驚險的事變吸引讀者，往往是以生活的現象，表達自己獨特的情感意味，隱喻著人生的感悟。她的小說是以生活本身來回答讀者思考的問題。在她筆下的人物的性格與情感，表現了社會的行為，直接影響著人生的命運終極。〈傾城之戀〉，皆以生活中綿綿纏纏的生活所表現的愛情故事。她筆下一個個充滿著理想性愛情的故事，激人嚮往憧憬，又在一片淒涼之中感受到淡淡的憂傷悲哀。琦君的小說〈橘子紅了〉、〈失落的夢〉，皆以自身生活的感受表述以人倫道德為基礎的愛情故事，增強讀者對愛情與婚姻的深層次理解，加強自身的社會責任感。無可非議的是張愛玲的小說創作，從整體來講，無論從內容的廣度或蘊意的深度，都高於琦君一籌。在散文創作方面，張愛玲的描寫細膩與琦君的捕捉細節，兩者可以說是平分秋色。但是，從鄉愁的文化情感來認識琦君散文所表現人文情感的豐富性，張愛玲就略遜琦君一籌。

這兩位作家都有著深厚的中國傳統文化的底蘊，張愛玲對《紅樓夢》的研究和理解，所具有的深刻性，是現代一般作家所不能比擬的。琦君對中國古典詩詞的修養，更是一般作家所不能達到的。讀她們的文學作品，往往使我們發現其間凝聚著中國古典文學《紅樓夢》和古典詞境的藝術創作精華。在此，以張愛玲的小說〈金鎖記〉與琦君的小說〈梅花的踪跡〉為例，略作說明。〈金鎖記〉寫一個大家庭的寡婦曹七巧，因金錢的枷鎖鎖住了她的一生，並扼殺了自己的至親至愛。這是由金錢與物慾，扭曲了人生的正常性情，因慾望與無知，使人性的失落，導致了人生的悲劇，造成了一家人不幸命運的遭遇。這正是表現了把自私作為人生唯一的追求目標，而失去了人生的方向與路標。〈金鎖記〉以豐富的細膩情節，給讀者提供一個廣闊的意象審美空間。女主人公曹七巧對金錢的貪婪和自私中流露出愛的情感，這種愛是狹隘的、自私的母愛之情。但作家通過生活的細節表述了一個女性極為豐富細緻的心理活動，給人以立體性的感受。這是一篇以現實主義寫作方法的典型代表作。琦君的小說〈梅花的踪跡〉以中國傳統的「比德」物化審美的意象，表達人性人情的唯美意境。簡直是一幅構圖巧妙的中國畫的寫意梅花境界。作家是以空靈朦朧的意境，描寫了一位純潔唯美的少女，對梅花的一往情深或者是對畫家的無限深情。人似梅花，梅花似人，人梅相融，意境朦朧。這一種美，表現在朦朧的意象中，給人以「霧裡觀花」的模糊美感。這是一篇琦君一反以往的現實主義寫法而以浪漫主義寫法進行創作的小說。〈金鎖記〉從現實生活出發，把生活寫得細精動人。例如寫曹七巧對兒子長白與女兒長安的婚姻干涉，以及她那種自私庸俗到底的人性和病態的心理，給個人命運與兒女的命運帶來了種種的不幸，正是揭露了金錢給精神與心理帶來的沉重枷鎖和災難。張愛玲那豐富而細緻的筆調，彷彿西方油畫，重染填色，具有色彩鮮明華麗的立體感，但不失為中國畫的構圖章法的韻律美，給人以一種《紅樓夢》的遺風美感的傳神感受。〈梅花的蹤跡〉，以中國畫的空白布局來營造一番空靈意境。這種空靈的審美空間，自然使人想到中國古典文學的詞境。這是琦君以中國古典文學詞境的意識流，來表達小說人物對美的憧憬和嚮往。

〈金鎖記〉以金鎖象徵金錢錮鎖人的思想意識和行動的靈魂指南，使人成為金錢與自私的庸俗的附屬品。生命一旦失卻了自然靈性的光華，就會深度地反映出人性弱化的劣根性。〈梅花的蹤跡〉以梅花的傲雪凌霜的純美風骨，象徵著愛情與人格的高尚。使人為了追求生命的純情至美境界，不惜一切代價。深刻地表達了人性戀情和對美好事物追求的思想境界。

值得一提的是，張愛玲與琦君在小說表現上，分別運用了月亮與梅花的象徵手法，表達一種藝術內涵。張愛玲在〈金鎖記〉的開頭與結尾分別寫道：「三十年前的上海，一個有月亮的晚上……我們也許沒趕上看見三十年前的月亮。年輕的人想著三十年前的月亮該是銅錢大的一個紅黃的濕暈，像朵雲軒信箋上落了一滴淚珠，陳舊而迷糊。老年人回憶中的三十年前的月亮是歡愉的，比眼前的月亮大、圓、白；然而隔著三十年的辛苦路望回看，再好的月色也不免帶點淒涼。」結尾寫道：「三十年前的月亮早已沉下去，三十年前的人也死了，然而三十年前的故事還沒完——完不了。」琦君在〈梅花的蹤跡〉裡寫道：「我瞇著眼睛望去。果見離茅屋一丈路左右，有一株婀娜多姿的梅花，在沉沉的暮靄裡，顯得寂寞而孤高。」結尾時寫道：「我只覺得孕育在心靈深處的一枝梅花兀自飛躍而出。挺秀中見柔媚的枝幹伸展開來，疏疏密密的豐盈花朵，吐著縷縷淡綠的花蕊，使我覺得大雪紛飛的後面，正是春天的消息近了。」大作家畢竟是大作家，讀過〈金鎖記〉與〈梅花的蹤跡〉後，結合這兩篇小說的全部內容，就能理解這兩位女作家運用

「月亮」與「梅花」象徵對過去的感懷，並呈現心靈的堅持與純潔。

張愛玲出身貴族家庭，父親是一位典型的沒落公子，染有弄風捧月的習氣，他娶了張愛玲的後母，對張愛玲十分酷刻刁難。但是，張愛玲在她的〈私語〉一文中，對僕人有著一腔親切的關憐之心。對她關心體貼的傭人何干，和看她弟弟的張干，好玩的「疤ㄚㄚ」也與他們十分和好，張愛玲並不鄙視低級階層的勞動者，這自然使人想起琦君筆下的親人的複雜關係與長工善良的形象。

張愛玲也是一位喜歡以雨來表現情感的作家。張愛玲跟琦君一樣，少年時代生活在一個美麗的莊園裡。她在〈秋雨〉中寫了秋天的況味：「雨，像銀灰色黏濕的蛛絲，織成一片輕柔的網，網住了整個秋的世界。」「在蕭蕭的雨聲中瑟縮不寧，回憶著光榮的過去。草色已經轉入憂鬱的蒼黃，地下找不出一點新鮮的花朵；宿舍牆外一帶種的嬌嫩的洋水仙，垂了頭，含著滿眼的淚珠，在那裡嘆息它們的薄命，才過了兩天的晴美的好日子又遇到這樣霉氣薰薰的雨天。只有牆角的桂花，枝頭已經綴著幾個黃金一樣寶貴的嫩蕊，小心地隱藏在綠油油橢圓形的葉瓣下，透露出一點新生命萌芽的希望。」「灰色的癩蛤蟆，在濕爛發霉的泥地裡跳躍著；在秋雨的沉悶的網底，只有它是唯一的充滿愉快的生氣的東西。」誠然，此雨是張愛玲當時的沉悶心情，也是張愛玲對雨的審美心境。

伍　冰心與琦君的鄉愁文學比較

冰心是中國現代著名的女作家，她以散文確定她在中國現代文學史上的地位。二十世紀九〇年代初，琦君曾經在北京拜訪過冰心。冰心與琦君的散文，都有著一種溫婉幽深，情致精美的神韻。冰心的散文作品主要以生活的感受出發，以抒情為主要的藝術表現手法來表達內心豐富情感。琦君的散文則以生活細節描述為主，以生活本身來寄託情懷，讓讀者感悟其中的情感。從表現的題材來看，她們都是以母愛與童心為主題，表現生活中的人性之美，並以此作為表達鄉愁的文化情感意味。

鄉愁的文化情感，也是她們一個時期創作的題材之一。冰心年輕時，曾經留學美國。異國他鄉，使這位年輕的留學生，常常在心底裡泛起鄉愁的情懷。琦君的鄉愁，是因雙親亡故，中青年時代因戰亂烽火而漂泊他鄉，晚年客旅美國。她們兩者之間的鄉愁，從個體命運與生命的體驗，琦君往往比冰心顯得更加深沉寂寞。冰心的鄉愁是一種青春年少，離異他鄉的鄉愁，是一種情感上的鄉愁。而琦君的鄉愁是一種親人逝別，流離失所，人生暮年旅居他國的鄉愁，是一種生命精神上的鄉愁。

冰心去美國留學時，她的鄉愁是「鄉愁麻痺到全身，我掠著頭髮，髮上掠到了鄉愁；我捏著指尖，指上捏著了鄉愁。是實實在在的軀殼上感著的痛苦，不是靈魂上浮泛流動的悲哀！」（冰心〈往事〉）琦君的鄉愁是「此心如無根的浮萍，沒有了著落，對家鄉的苦念，也就與日俱增了。昨夜夢魂又飛歸故里，躺在雙親的墓園中，擁吻著綠茵覆蓋的芬芳泥土，望著悠悠出岫的白雲，多年抑鬱的情懷得以暫感舒鬆，可是短夢醒來，淚水又濕透枕邊，淪落的家園啊！它依舊是海天一角，水闊山遙」（琦君〈鄉思〉）。冰心的鄉愁是離鄉思親的痛苦的鄉愁，琦君的鄉愁是生命靈魂痛苦的鄉愁。兩者生活與人生經歷的差異，自然影響著她們對鄉愁文化情感的精神刻度。

千里明月寄相思的中秋，正是「每逢佳節倍思親」的時候，遠渡重洋，來到美國的冰心，更是思鄉之至。在陰曆八月十四夜，冰心雖然沒有表白自己鄉愁的心緒，但是思鄉的她，心情已經隱含在其間：「撩開幔子，我看到一輪明月，高懸在遠遠的塔尖。地上是水銀瀉地般的月光。我心上如同著了一鞭，但感覺還散漫模糊，只惘然的也讚美了一句，便回到屋裡，放下兩重簾子來睡了。」到了中秋之夜，她乘船遊湖賞月，又一次表現了思鄉的心緒「四顧廓然，湖光滿眼。環湖的山黯青著，湖水也翠得很淒然。水底看見黑雲浮動，湖岸上的秋葉，一叢叢的紅意迎人，幾座樓臺在遠處，旋轉的次第入望。」（冰心〈往事〉）面臨異國他鄉的景況，使她體會到：「我覺悟了明月為何千萬年來，傷了無數的客心！靜夜的無限光明之中，將四圍襯映得清晰浮動，使她徹底的知道，一身不是夢，是明明白白的去國客遊。一切離愁別恨，都不是淡蕩的，猶疑的；是分明的，真切的，急如束濕的。」

冰心與琦君對童年都有著讚美與嚮往。她們分別寫了許多寄小讀者的文章。在冰心的散文裡，我們經常讀到，她對天真爛漫的童心與自然生物的讚美。她在〈閒情〉一文，對兒童充滿著真摯的感情：「小孩子們真可愛，在我睡夢中，偷偷的來了，放下幾束花，又走了。小弟弟拿來插在瓶裡，也在我睡夢中，偷偷的放在床邊几上。——開眼瞥見了，黃的和白的，不知名的小花，……都包含著天真的友情。」她還借助自然景物，來表達自己一番心境「枕簟生涼，溫暖的陽光，穿過葦簾，照在淡黃色的壁上。濃密的樹影，在微風中徐徐動搖。窗外不時的有好鳥飛鳴。這時世上一切，都已拋棄隔絕，一室便是宇宙，花影樹聲，都含妙理。」誠然，在琦君的散文裡，同樣經常讀到她對童年率真與純美的嚮往，注入了真切的情懷，以及對自然風候的美感。

很有意思的是，冰心和琦君一樣，都具有對生物的大悲憫意識，她們對小動物都有一種關憐的慈悲心靈。冰心在〈鳥獸不可與同群〉一文中寫自己如何與小動物相互溝通、理解，將小動物寫得栩栩如生，十分可愛。馴良的老馬，調皮活潑的小狗、小貓，充滿著家庭般生活氣氛，以及勞動的小鳥群等，都被寫得一派生機勃勃。她把自己的「愛」布施到各種小動物身上，然後，從牠們身上感受吸收到快樂。這不僅僅是冰心「愛的哲學」體現，也是她善良女性溫柔的具體表現。琦君對小動物也傾注著一片悲憫的情感。她喜歡養貓養狗，甚至連小蜘蛛小螞蟻這些小生命的生存環境也十分關切。在這方面，琦君有過許多文章進行專門描述。對於小生靈的關愛，也是大作家大悲憫意識中的一種人文關懷的精神表現。對小生靈的關懷，顯得對人類更有著深刻的關懷悲憫意識。

冰心早年留學海外，受到西方文學與文化思潮的影響，她的文風和語言，顯然有著歐化的文學語言和文學風格的印記。琦君早年深受中國古典文學浸潤，從未到海外留學讀書，她的文學語言與文學風格自然是中國古典詞境和現代白話文相融的文化精神體現。

冰心喜歡讀西方文學名著，不喜讀《紅樓夢》，不愛填詞。琦君則愛讀《紅樓夢》，愛填詞。兩者接受文化方式和內容的差異，以及對其影響的文化不同，因此，也就構成了兩者所表現的文學藝術的差異。

陸　楊絳的〈回憶我的父親〉與琦君的〈父親〉

楊絳是翻譯家，文學創作以散文見長，是一位學者型的作家。她的散文語言清麗自然，文風樸素實在。她那清雅的語意，淡泊的文字，似乎跟琦君有著相似之處，但她對社會抨擊的那種充滿著幽默和智慧的深思，往往比琦君顯得深刻。當然，琦君以人性的情懷來表述性情的生活細節，自然有她動人感情之處。將這兩位女性作家筆下父親的形象，進行一番比較，不僅僅能認識兩者之間文風特色的差異性和共同性，而且還能使我們進一步深刻理解，那個時代中國男性的文化性格和人文精神涵養的品味。從而表現了那個時代在中國傳統文化深刻影響下所形成的文化人和軍人的文化品格。

楊絳出身名門望族，父親楊蔭杭，一生命運顛沛，仕途變幻，人生從峰巔落入深谷。

楊絳的散文〈回憶我的父親〉中所寫楊蔭杭先生的人生歷程，似乎跟琦君筆下的父親潘鑒宗先生，都是表現了這兩位前輩所具有中國傳統的儒家文化人格意識。

在楊絳眼中的父親，主持正義，充滿著溫和的柔情，特別對他的妻子有著互相理解和摯愛的感情。正如楊絳所說：「我父母好像老朋友，我們子女從小到大，沒聽到他們吵過一次架。」這是一種文人化的夫妻之情。琦君的父親則是一個有著軍人剛毅和傳統大男人主義的儒將，琦君的母親與父親之間的關係，正如楊絳所說：「舊式夫婦不吵架的也常有，不過女方會有委屈悶在心裡，夫婦間的共同語言也不多。」楊絳描寫在戰亂中，父親在荒野葬妻的動人情景：「我父親在荒野裡失聲慟哭，又在棺木上、瓦上、磚上、周圍的樹木上、地下的磚頭石塊上——凡是可以寫字的地方寫滿自己的名字。這就算連天兵火中留下的一線連繫，免得拋下了母親找不回來。然後，他不得不捨下四十年患難與共的老伴兒，帶了兩個女兒到別處逃生。」而琦君的父親潘鑒宗，雖娶三房四妾，但對妻子的賢慧也是體貼理解的。琦君在〈一朵小梅花〉裡寫道：「年光流逝，父母親都已垂垂老去。病，使父親的心情轉變，他一天天的更懷念舊日純樸的農村生活，也一天天的更體驗到母親對他寬大無底的愛。」兩者相比，也許是兩種文化性格構成了這兩位作家的父親的不同的文化性情。

楊絳在寫父親的時候，也寫出了母親的溫柔適靜的性格：「我母親管著全家裡裡外外的雜事，傭人經常從前院到後園找『太太』，她總有什麼事在某處絆住了腳。她難得有閒靜靜地坐在屋裡，做一回針線，然後從擱針線活兒的藤匾裡拿出一卷《綴白球》邊看邊笑，消遣一會兒。」這也是體現了琦君筆下的母親美德：「儘管母親有幫夫運，使父親在仕途上一帆風順，她卻一直自甘淡泊地住在鄉間，為父親料理田地、果園。她年年把最大的楊梅、桃子、橘子等揀出來郵寄到杭州給父親吃，只要父親的信裡說一句：『水果都很甜，辛苦你了。』母親就笑逐顏開，做事精神百倍。」

這兩位作家的文章裡，還能看到父親對她們幼小心靈的薰陶和影響。父親對女兒總是十分關愛。楊絳說：「我父親凝重有威，我們孩子都怕他，儘管他從不打罵。」「他喜歡飯後孩子圍繞著一起吃點甜食，常要母親買點好吃的東西『放放焰口』。」琦君說自己的父親：「到杭州進中學以後，父親對我管教漸嚴，時常要我背英文給他聽。」「有一次，我在日記中發了點牢騷，父親看後引了聖賢之言，把我訓斥一頓，我一氣把日記撕了。父親大為震怒，命我以工楷抄《心經》一遍反省。」

她們還分別從中國那個特定的政治與文化環境中，以歷史的生命刻度，記錄了父親的性情與人格的魅力。父親，是女兒心目中一棵擋風遮雨屹立不搖的雄偉大樹。楊蔭杭先生一生正氣，不畏權貴，特別在抗日期間，不為求榮做不光彩的事情。潘鑒宗先生「他想起只有一件事，倒是使他私心稍感安慰的。國父曾囑總統　蔣公派一位軍官，和父親商議，希望在革命軍北伐時，他能協助順利通過他駐守的防線，父親慨然答應，並深悟兄弟鬩牆對革命的阻力而毅然退休。父親真可說是從善如流的勇者。」

非常令人感慨的是，這兩位作家的父親身後，在「文革」中，居然遭到了同樣的不測的遭遇。楊蔭杭先生的墳墓是「父親的棺材放入母親墓旁同樣的水泥壙裡，而上面蓋的卻是兩塊大石板。臨時決不能改用水泥。我沒說什麼，只深深內疚，沒有及早把父親的話告訴別人。我也一再想起父母的戲言：『我死在你頭裡』；父親周密地安葬了我母親，我們兒女卻是漫不經心。多謝紅衛兵已經把墓碑都砸了。但願我的父母隱藏在靈岩山谷裡早日化土，從此和山岩樹木一起，安靜地隨著地球運轉。」正是在這個時候，潘鑒宗先生的墳墓，也遭到了同樣的劫難，「那一片淒涼蒼白，至今猶在眼前，而我的錐心之痛，卻是與日俱增。因為大陸上雙親靈柩，竟是至今未能安葬。託親友由國外輾轉打聽來消息，父親棺木竟被大水沖走。靈骨是否由至親收藏，都不能確知。」這正如楊絳所語：「像我父親那樣的人，大概是會給紅衛兵打死的。」誠然，潘鑒宗假如活著，會不會有這樣的下場呢？

在一個感情豐富的作家筆下，花草樹木皆是有情之物。在這兩位作家的筆下，寫人之情，居然對花草樹木都有著一樣的美感。楊絳在文中分別以此作為隱喻的符號，表現自己所寄託的情感意味：「春天，閉上眼只聽見四周蜜蜂嗡嗡，睜眼能看到花草間蝴蝶亂飛。杏子熟了，接下等著吃櫻桃、枇杷、桃子、石榴等。」日寇劫難後的家園，是「玉蘭、紫薇、海棠等花樹多年未經修剪，都變得不成模樣。籬邊的玫瑰、薔薇都乾了。紫藤架也歪斜了，山石旁邊的芭蕉也不見了。」「我父親得意的一叢方竹已經枯瘁，一部分已變成圓竹。反正綠樹已失卻綠意，朱欄也無復朱顏。」近讀楊絳的《我們仨》一書，楊絳反覆寫了柳樹的季節變換來隱喻自己複雜的心境：「堤上的楊柳開始黃落，漸漸地落成一棵棵禿柳。我每天在驛道上一腳一腳走，帶著自己的影子，踏著落葉。」「秋風剛一吹，柳葉就開始黃落，隨著一陣一陣風，落下一批又一批葉子，冬天都變成光禿禿的寒柳。春風還沒有吹，柳條上已經發芽，遠看著已有綠意；……」「現在，成蔭的柳葉已開始黃落。我天天帶著自己的影子，踏著落葉，一步一步小心地走，沒完地走。」「驛道上又飄拂著嫩綠的長條，去年的落葉已經給北風掃淨。」「我的夢已經像沾了泥的楊花，飛不起來。」「楊柳又變成嫩綠的長條，又漸漸黃落，驛道上又滿地落葉，一棵棵楊柳又都變成光禿禿的寒柳。」這些柳樹與柳葉的不斷變化與季候的影響，產生種種自然現象，這是楊絳對親人的無限思念，也是她對人生歷程與自然風候的比擬，更是她的精神寄託。總之，楊絳如此反覆地寫著楊柳，是有著內在豐富的文化意味。對此，琦君也特別喜歡寫柑橘、桂花、梅花、楊梅以及一丈紅等花草樹木。這也許是她們從小受到家庭的文化影響。楊蔭杭先生酷愛花木標本，「父親在大暑天和一位愛做詩的植物學家同鄉黃子年同上百花山去採集標本，去了大約一星期，回家來一張臉曬成了紫赤唐色，一個多星期後才慢慢退白。」「那次他從百花山回來，把採集的每一棵野花野草的枝枝葉葉，都用極小極整齊的白紙條加固在白而厚的大張橡皮紙上，下面注明什麼科（如茄科、菊科、薔薇科等）植物，什麼名字。」潘鑒宗先生也喜愛花草樹木，在他的潘宅莊園裡種滿了各種各樣的奇花異草。平時，還指點琦君認識花名和草名，以及辨識樹木的種類。這裡面也許是作家從小受到家庭教育的薰陶，有著一些奇妙的文化心理感應，不僅僅是作家一種文筆需要的情感表述，而是一種潛意識的審美情感流露。

在此將琦君的文學創作跟魯迅、周作人、朱自清、沈從文、張愛玲、冰心、楊絳的文學創作，進行了一番比較，只是各位作家文學作品中的一部分，是很不全面的。只能選擇跟琦君文學作品有著相互通約的作品，進行一番並不全面的比較與闡述。主要考慮到，一是在時序上，他們都是生活在同一個世紀的作家，受到「五四」白話文運動影響的文人，同時具有濃厚的中國傳統文化的底蘊；二是他們具有強烈的人文精神意識的作家，非常注重人性方面的描述，文風筆意趨向於平穩溫柔，情感細膩的作家（除了魯迅的一些文學作品，具有強烈的戰鬥性激情文筆）；三是他們經歷了人生命運的坎坷，漂泊四海，文學之根卻是深深地植育於故鄉的土壤之中，以地理文化來表達地域文化情感，表現出足以引起人性情感共鳴的文化特色。

第五章　側寫琦君

在琦君的人生經歷中，影響她童年生活的重要人物有父親潘鑒宗，母親葉夢蘭，啟蒙師葉巨雄，以及父親的好友劉景晨與楊雨農，影響她學生時代的有一代詞宗夏承燾和國文老師任心叔等等。

在琦君的散文裡，我們都可以讀到她筆下剛毅儒雅的父親，仁慈善良的母親，固執嚴肅的啟蒙師，多才多藝的劉景晨伯伯，布施公益的楊雨農伯伯的生動形象。

夏承燾是琦君的文學啟蒙老師，琦君在文學上的成長，跟夏承燾的教導有著極為重要的關聯。故此，在這裡進行詳細的探索，使廣大的讀者更了解夏承燾對琦君的薰陶與教誨，有助於全面理解琦君的文學理念。一九四九年，琦君從大陸到臺灣之後，對琦君影響最大的是與她生活最密切的人生伴侶李唐基先生。於琦君有著純潔愛情的李唐基先生，他為琦君的文學成就，做出了許多無私的奉獻。在此將李唐基先生與琦君的愛情生活，提供給讀者，意在有利於進一步理解琦君的生活信念與文學創作理念的一致性。

壹　夏承燾與琦君

隨著琦君的文學作品日益走向廣大讀者的心靈，給現代讀者提供了一個呼喚著需求人性復歸的審美空間。這樣，就有更多的人關注著琦君文學的藝術成就。我認為要理解琦君文學藝術的詞學境界，必須了解琦君的恩師夏承燾對她的薰陶與感化，以及琦君文學所表述的一種極為豐富的人性內涵的中國古典詞學境界。

琦君人生坎坷，奔走於戰亂之中，歷盡艱難。她的文學以東方人性之美，表述鄉愁的思親、戀情、懷舊的情感，成為一大重要主題之一。也就是這一主題，使琦君的文學具有豐富的人文精神內涵，產生了不朽的文學魅力。從這個角度出發，我們就會發現琦君的命運熔鑄了她那具有詞境的愁緒惆悵的情懷，跟她早年受到恩師夏承燾的薰陶感化，學詞悟境有著密切的聯繫。這樣，致使中國詞境中所表達的鄉愁、情戀、惆悵、無奈、悲苦的情懷，為琦君表述自己人生周遭，與反映人文精神的文學創作，提供可堪憑藉的情境。

古典詞學能豐富人的情感與思緒。少年的夏承燾就能寫出「昨夜東風今夜雨，催人愁思到花殘」的詩句。作為一代詞宗夏承燾的得意門生，且寄予厚望的琦君，不僅人格、情操受其影響，而且夏承燾詞境所呈現的人生情懷，在傳道授業解惑之中，自然而然也感染著多愁善感的琦君。這正如琦君所說：

> 他（夏承燾）賜贈的詩詞、格言、書札，雖於戰亂流離中，總是隨身攜帶。每到一處，必恭敬地捧出，將詩詞懸諸壁間。每於愁懷難遣之時，便以瞿師微帶感傷的鄉音，低低吟誦，感念師恩，絕不敢妄自匪薄，心情亦漸漸開朗了。（〈三十年點滴念師恩〉）

同時，琦君生活的家鄉溫州是一個人文鼎盛，具有濃鬱甌越文化底蘊的山水田園風光。歷史上的溫州，晉宋山水詩鼻祖謝靈運在溫州任太守期間，曾寫下了大量的山水詩，並有詩描述琦君故鄉瞿溪的自然山水風光。宋代的「永嘉四靈」，開創了一代自然淳樸的田園山水詩風。琦君的父親潘鑒宗又是軍旅中的文化人，在他身邊交往的更多是溫州文化界名流（潘鑒宗曾想琦君拜馬一浮為師）。琦君的文學之所以具有恆久的文化魅力，是由她的身世、學識、中國文化精粹的詞境，恩師夏承燾性情的薰陶，家庭、社會文化的影響，孕育了這位創作了大量具有豐富人性、人道、人倫的文學作品的大作家。正如梁實秋所講，琦君的成就不能低估。夏志清更認為，琦君的一些名篇，如〈看戲〉、〈一對金手鐲〉，即使列入世界名作之林也無愧色。

如果我們從夏承燾對琦君性情上的薰陶影響，以及在詞學創作意境上的指導作用。並對照夏承燾對琦君家鄉瞿溪的情感，與其父親潘鑒宗往來，以及對琦君生活的關心，學業的指引諸方面，不難發現夏承燾與琦君兩人師生之間有著深厚的情誼，而且還表現在他們在詞學的交流與心靈溝通的自在精神。這一切，對琦君的文學藝術成就，都有著不可忽視的潛在效應。

一

琦君的故鄉溫州瞿溪，山清水秀，溪流清澈，青嶺修竹，樹木蒼翠，風景秀美，是賈商雲集，商貿繁華的山水田園風光小鎮。晉宋時期，中國山水詩鼻祖謝靈運在永嘉任郡守時，曾遊覽瞿溪，有〈過瞿溪石室飯僧〉一詩描述這裡的風光：「清霄颺浮煙，空林響法鼓。」

夏承燾對瞿溪有著特別的情懷。他年輕時，因家境困難，無錢上大學，曾在瞿溪執教小學。他在〈希真生日囑為詩〉裡寫道：「我年十九客瞿溪，正是希真學語時。浮世幾回華屋感，青山滿眼謝家詩。」

一九三八年春夏之間，夏承燾避寇在瞿溪生活過一段時間。從他的日記裡，可以看到他堅持苦學鑽研學問，對瞿溪山水田園風光，十分神往與思戀，並對潘鑒宗有著敬仰之情。在這段時間裡，夏承燾在日記裡分別寫道：「午後過瞿溪小學，伍君導遊後杜普明寺，藤蘿和尚開山，前年重修落成，堂宇宏深清靜，經樓旁一小窗，溪山景物如畫。……歸過潘宅，希真導觀園花，春蘭甚盛，丁香已開過。希真書屋窗几明淨，蘭芬滿室。」

「瞿溪亦謝客吟眺地。予二十年前嘗客授瞿溪小學，今茲重來，亦前緣耶。」「早攜樂章集往瞿溪小學伍君處作筆記。夜月甚皎，步溪邊里許。」「早飯後愛田間菜花，不覺行遠。」「過雄溪橫坑，林壑幽靜，泉石甚美，低徊久之。由嶴底金巖頭返瞿溪，已上燈矣。」「過橫坑，溪山如雁蕩，有人居之想。午後往後山，俯視瞿溪，在青綠山色中。」「良疇遠風，晚山濃翠，令人念歸。」「夜與鄉人沿瞿溪步月。月中野色無邊，望天際雲影，甚似黃山諸峰，不覺移情。」「午後訪龍潭。自金巖頭入山，行二三里，過雨山光甚佳。瀑在峽中，下有深潭，皆無足觀。」「瞿溪二溪間，晚山如畫，久居鄉村，不欲返城市矣。」「瞿溪山水清淑，有卜居之想。」

從這些日記裡，可以看到夏承燾對琦君家鄉瞿溪山水風光的讚美與喜愛。同時，從琦君的散文裡，也常常讀到她筆下故鄉的山水田園風景，似夏承燾在日記裡所描述的自然景象。

夏承燾在瞿溪避寇期間，還寫下許多在瞿溪感受的詞文。從他的詞文裡，不僅描述了瞿溪的山水風光，而且還表達了他憂國憂民的心情。在這裡略選幾闋，以饗讀者。他有詞云：

小重山　挈家避地瞿溪，謝鷺山雁蕩之約。

春草生時別謝池。廿年重照影，過瞿溪。去來蹤跡客兒詩。看山約，心事夜鵑知。
一諾負臨歧。故人書數紙，鹿門期。江湖單舸欲何歸？龍湫月，魂夢為君飛。

此詞為詞人在瞿溪「晚行田間賞菜花，哦一詩未就，夜半枕上改為一詞」。其意為從春草茂盛的季節，離別溫州城內積穀山的謝池。二十年的光陰飛逝過去，又一次來到了曾經生活過的瞿溪，尋找當年晉宋時期的大詩人謝靈運，到過寫詩的蹤跡。看著瞿溪的山色，一股憂國之心，唯有夜鵑知道。每當思念起與鷺山的友誼，和他對詩人的關愛，思念的心兒，猶如雁蕩龍湫的夜月，魂夢隨他一直飛翔。

攤破浣溪沙　避地瞿溪，月夜追涼至紅橋。

過雨溪風引袂長。風前鷗夢比人涼。數點暗螢開闔底，見銀潢。　飛鵲驚鴻猶未定，黃樓赤壁苦相望。想見胡床諸老子，滿頭霜。

正是七月時間，詞人踱步在瞿溪岸上，「夜步月沿溪行半里，林影甚美」，清涼的溪風吹起了衣襟。風前的鷗鳥正在涼意的夢鄉中，點點的螢光，閃耀著光際。一種戰亂給人帶來憂心忡忡的歲月，不知何時能夠結束戰局的愁緒。

金縷曲 戊寅夏五，避寇瞿溪，居停為予治舍而覆燕巢，入晚倦羽哀鳴，惻然成詠。

瀚海飄流慣。甚年年。低徊故宇，伴人長嘆。一夜梁塵驚夢起，負了天涯心眼。已玉砌雕欄都換。猶有蓬蒿雙棲地，更爰居、鐘鼓何心羨。風雨急，淚如線。謝鄰舊侶如相見。應念我、江湖憑廡，十年遊倦。石出水清歸何日，愁唱黯歌相餞。幾兄弟、他鄉異縣。欲逐精禽魂魄去，恨凋殘，毛質排風短。依樹鵲，共腸斷。

詞人在瞿溪期間，因修理住舍而傾燕巢，晚間見燕子倦羽哀鳴，心感淒涼而寫成此詞。詞人由此而觸情，寫到日寇侵略，戰火紛飛，國土沉淪，民生艱難，流離失所的一番痛苦無奈、惆悵的心情流露其間。

我們在讀琦君的一些散文中，也常常感受到她對生物的關憐以及人生許多痛苦情戀的情感。往往使人聯想到琦君的散文與夏承燾的詩詞，有著一脈相承的文心意境。

夏承燾與琦君的父親潘鑒宗有著深厚的情誼。他在瞿溪執教期間，常到潘家作客。一九三八年，夏承燾在瞿溪避寇期間，正是潘鑒宗病逝不久。他有聯輓潘鑒宗：

花市把杯人，羅剎秋濤，空點竄枚生七發；
小樓攜筆約，武林舊事，永低徊四水潛夫。

在日記裡還寫道：「往年飲翁杭州花市路寓廬，勸其以遊觀療疾。今春避地瞿溪，與翁結鄰，嘗欲就翁疏記民國以來浙省軍政舊聞，因循未果也。」

夏承燾還為溫州文化界名流林同莊先生作輓潘鑒宗聯：

眖予華袞雙縑，開歲傳觴，共喜素心歸栗里；

招公吹臺隻鶴，英靈回首，惡揮痛淚話黃壚。

還因受琦君六叔潘雪庵所囑，代廟後小學（為潘鑒宗所創辦）作聯輓潘鑒宗：

鄉里失儀型，各歸來辭，當柴桑誄；
孤寒餘涕淚，以幔亭曲，誦勸學篇。

二

夏承燾對琦君的生活十分關心和同情理解。他們師生間經常促膝談心，一股真切的父女般的感情，流露於內心之中。一九三八年春夏間，夏承燾避寇瞿溪，與琦君交往甚密。他在日記裡寫道：

聞希真哭其伯父，暈厥數次。晚往視之，知其於鑒老逝時，曾飲洋墨水自殺，幸無恙。希真父母兄弟皆早逝，孑然一身，依其伯父，鑒老以為己女，而臨終無一遺囑，後日不知如何處置。潘家惟此女可望有成，而身世如此，可哀也。」

從中可見，夏承燾對琦君不幸的命運遭遇，寄以深切的同情與關愛，同時，對琦君將來的人生事業寄以厚望。

琦君在父親潘鑒宗去世後，常到恩師那裡談心交流。恩師給予疏導思想上的苦悶，幫助學業上的長進。正如琦君所說：「大學四年，得恩師耳提面命的親炙，獲益無窮。畢業後留校任助教，與家鄉音書阻絕，承恩師師母照拂尤多。」（〈三十年點滴念師恩〉）

一九三八年十月間，夏承燾在日記中寫道：「晚下課，與希真同歸，過予寓久會，談其家事，令人感喟。」「潘希真來，自上午九時坐至午後四時去，可謂健談也。」「希真來問詞。」

一九三九年間記有：「希真問治詩，教其作唐代社會問題詩及唐代紀事詩。」「希真與予談，皆無掩飾。」「希真午後一時來，談至夜八時去，滔滔不絕，聽之忘倦。」「午宴潘希真母女。」

一九四〇年間記有：「午後潘希真來，滔滔談三、四小時去。為改數詩。其家庭人多，殊難處置也。」「希真來午飯，長談至晚飯後去。予謂學校讀書，費大益小。不如家庭自修。希真謂其伯父在時，欲遣其從馬一浮先生學，希真必欲入大學，惜哉。」「早希真來，留午飯，與商教課事。」「潘希真來，同過市樓啜面。」「午後希真來，代整理書籍，明日移居泰來里。」

一九四一年間記有：「潘鑒宗夫人來，言希真婚事。謂新得溫州書，瞿溪屋被炸。」「希真訴家庭環境，謂暑中非有職業不可。」「發希真信，下期擬聘其為助教。」「希真留晚飯。於家庭事多抑鬱，示一夢亡弟詩甚好。」「希真言一男同學求婚事，介紹者屢稱其家財勢，希真夷然不屑。」「午後與希真看陳小蝶畫展，甚好。與希真談才、學、識，人生階段，亦正分此數期。」「十一時赴希真招飲生日會，諸生皆在，談笑匆匆至六時方散。」「與希真出購派克自來水筆一支。」「命希真代講四聲一課。」

一九四二年日記寫有：「為希真寫詩幅。」「早，希真來，談家事啜泣。」

一九四三年日記寫有：「接希真七日長函，囑問之江事，欲隨予入閩，以在鄉家庭煩惱太多。」「希真謂：看於伶長夜行劇本流淚。」「與希真讀東坡〈洞仙歌冰肌玉骨〉一首，以為勝杜老〈佳人〉。」

一九四四年日記寫有：「燈下作長函勸無聞、希真，用思稍勞，夜遂失寐。」「復希真，囑其背誦《老子》、四子書。自惟平生過眼萬卷，總以《論》《孟》為最味長也。」

一九四五年日記寫有：「得希真南田書，附來〈臨江仙〉詞，於百崗尖頂（雁蕩）誦之。」「早，希真來，仍往高等法院隨鄭烈蓀，較前沉默矣。」

一九四六年日記寫有：「午後希真與烈蓀先後來。希真訴家庭鬱伊，語次泣下。予與烈蓀、心叔皆勸其不可長此屈伏於不道德之積威。對小人一味巽順，於人己皆無益處。」

一九四九年日記寫有：「得冷生書，囑設法使希真家永嘉藏書捐歸籀園。」「過弘道女中看希真，謂捐書籀園事，已去數函矣。」「於《西風雜誌》見〈記柏林女市長〉一文，極感動，我國斷無此等女人。當告希真，取教弘道女學生。」

琦君對恩師十分尊重。在夏承燾的日記裡，也記有琦君關心恩師，常送禮物於恩師。一九三九年二月間，「潘希真自溫來，饋臘肉蝦米。」一九四〇年六月間，「希真來，饋罐頭食品」。一九四一年四月，「希真母子來，饋雞蛋廿九個」。

夏承燾對琦君生活、學業、身心健康的關懷，除了在夏承燾日記裡所讀到的之外，從琦君回憶恩師的文章裡，也能讀到他對這位女弟子的關切之情。

據琦君回憶，她離永嘉中學去青田高院工作後，曾一度患嚴重腸炎，恩師立刻來書殷切存問，信中說：

> 不久將與諸同鄉賣舟東下，如在青田小泊，擬上岸一視希真。望此箋到時，汝已康復如平時，當有病起新詩示我矣。古句云：維摩一室原多病，賴有天花作道場。化病室為道場，非聰明澈悟人不能。幸希真細參之。（〈三十年點滴念師恩〉）

夏承燾對她的道德修業，諄諄誨諭，使琦君終生受用不盡。同時，也可見一代學人對這位女弟子的關懷勉勵。從夏承燾給琦君的信中，也可以讀到亦師亦友的相惜共勉之情，真摯而動人：

> 書悉，得安心讀書，至慰至慰。《莊子》卒業，可先讀《老子》，篇幅不多，須能背誦。四子書仍須日日溫習。自覺平生過目萬卷，總以《論》《孟》為最味長也。〈虞美人〉詞尚能清空，希再從沉著一路作去。年來悟得此事，斷不能但從文字

上著力。放翁云：「邇來書外有功夫。」願與希真共勉之。體弱易感，時時飛勞，乃無上妙藥。月來欲以一日一汗自課，恨偷懶不能自踐其言耳。

工作忙否？讀書習字最好勿一日間斷，汝與無聞前途皆無限量，切勿為世俗事煩惱分心，專力向學，十年以後，不怕無成就也。

近讀奧爾珂德《小婦人》，念希真他日如能有此不朽之作，真吾黨之光。以汝之性情身世，可以為此。幸時時體貼人情，觀察物態，修養性格。對人要有佛家憐憫心腸，不得著一分憎恨。期以十年，必能有成，目前即著手作札記，隨時隨處體驗，發揮女性溫柔敦厚之美德。

比來耽閱小說，於迭更司《塊肉餘生》一書，尤反覆沉醉，哀樂不能自主。念汝平生多拂逆，苟不浪費精力，以其天分，亦可勉為此業。流光不居，幸勿為閒煩惱蝕其心血。如有英文原本，甚望重溫數過，定能益汝神智，富汝心靈，不但文字之娛而已也。

放翁詩云：「生死津頭正要頑。」此頑字訣甚好。一生恐懼軟弱心，便為造化小兒所侮弄。正宜書放翁語置座右，比來生活如何，公餘讀何書，一事一物皆可當學問看。外物俗念，不能動搖我心。此亦練頑之一道。大雨中燃燈書此，時甲申清明後一日。

后山詩：「仰視一鳥過，愧負百年身。」涉世數十年，幸未為小人之歸，兢兢以此自制其妄念，期與希真共勉之。（〈三十年點滴念師恩〉）

讀夏承燾這段十年間日記與給琦君的信裡，記述有關與琦君的交往，不僅使我們發現琦君十年間人生坎坷，艱難生活的流程，而且從中表現了琦君的人格、性情、靈趣、求學、為人的品行與情操。這給我們研究琦君文學所表達極為豐富的人性人情人道的文化情感，提供了極為珍貴的現實豐富的資料。

三

一九三七年，二十一歲的琦君在之江大學中文系讀書期間，夏承燾常常帶著學生們，徜徉於清幽的山水之間，引導他們在感悟自然山水與人文景觀中，體驗中國古典詩詞境界。琦君與同學們一起，跟隨著恩師散步在錢塘江畔，六和塔下，聽著恩師吟詠：「松間數語風吹去，明日尋來盡是詩。」「短髮無多休落帽，長風不斷任吹衣。」她看著恩師的長衫，在風中飄飄蕩蕩，有如神仙中人，發出由衷的感嘆：「先生的境界實在太高，學生們及不到。」

從夏承燾的日記裡，我們常讀到琦君與她的恩師談論詞學的學問。在生活中，夏承燾也多次寫詩詞給琦君，互相交流。在這裡略選兩首以饗讀者。

一九四〇年五月，夏承燾與琦君客居上海求學時，他有詩贈琦君云：

張詩魯墨畫各通神，戴禮遺書亦等身。遲汝他年傳筆陣，將軍家世本嶙峋。南烏北雁共飄零，海角秋聲不可聽。我有客懷誰解得，水心祠下數峰青。（〈贈希真，時

同客上海〉）

詞人寫出了琦君的家世，在抗戰烽火中，奔赴飄零的生活，以及不幸的人生遭遇。對琦君寄予厚望，也表達詞人對家鄉山水的一片情懷。

一九四一年八月，夏承燾與琦君在上海市區購物時遇雨，「避入永安公司。希真健談，如春雲卷舒，聆之移神。雨少霽，出門則積水已汪洋一片。重入，行坐各層樓久談。六時，風雨益狂，途間水沒膝」。歸來後，夏承燾詩云：

希真談頰最憐渠，冉冉春雲卷復舒。欲和洞簫無妙曲，但傳林籟答長吁。秋人意緒宜風雨，歸夢湖山勝畫圖。一笑橫流容並涉，安知明日我非魚。（市樓坐雨，聽希真劇談抵暮，歸途流潦沒膝。念西湖此時，正萬葉跳珠也）

讀其詩，自然知道師生之間一股濃濃感情流露其間。據琦君說：「那時太平洋戰爭尚未爆發，而瞿師竟已有『陸沉』的讖語了。」「不久珍珠港事變，日軍占租界。」「瞿

師、師母與我都先後歷盡險阻，回到故鄉，一同在永嘉中學執教。瞿師教高二、高三，我教初三、高一。」（〈三十年點滴念師恩〉）

一九四九年琦君離開大陸到臺灣後，師生之間相隔天涯，但他們的思念卻在不盡的無言之中。夏承燾在他離世前，對琦君還是十分惦記思念。他託香港友人贈琦君一闋〈減字木蘭花〉：

因風寄語，舌底翻瀾偏羨汝。往事如煙，湖水湖船四十年。　吟筇南北，頭白京門來卜宅。池草飛霞，夢路應同繞永嘉。

在這闋詞裡，夏承燾不僅表達了對杭州西湖與家鄉溫州謝池港故居的懷念，而且更多的是抒發了他們師生之間的深厚情誼。

琦君曾記得，在杭州讀書時，夏承燾在她採集鮮花嫩葉，排成圖案，訂成的小手冊上，題詩：「留予他年說夢痕，一花一木耐溫存。」時隔二十餘年後，點點滴滴斑斕的夢痕，猶在眼前，經過歲月滄桑之後，使琦君更能領悟：「一花一木耐溫存」的雋永滋味。誠然，琦君對她的恩師也是十分懷念。在夏承燾逝世半年後，琦君在〈三十年點滴念師恩〉長文裡，以真摯的感情，抒發了恩師對她無微不至的關愛與學業上的撥霧指津的情懷。她在文章裡，寫下了令人心情激越、感慨良多的詩文：

師恩似海無由報，哭奠天涯路渺茫。　杖履追隨成一夢，封書難寄淚千行。

夏承燾的詞學成就與人格，對琦君有著深刻的影響。琦君曾說：

別老師後，他的詞與他的誨諭時時在心。抗戰期間，我嘗盡了生離死別之苦，避亂客鄉，又經歷了許多驚險，在工作中，我也領略到人間炎涼與溫暖的滋味。我漸漸地長成了，我懂得，人要掙扎著生活下去是多麼不容易，卻是多麼值得讚美。我也懂得如何以溫存的心，體味生活中的一花一木所給予我的一喜一悲。

她牢記恩師的勉勵，並以此作為自勉：「任何生活皆可以過，惟須不失自我。」「若能杯水如名淡，應信村茶比酒香。」

琦君對恩師有著不盡的思念，一九九二年，她特地從美國趕回大陸，專程前往浙江千島湖，祭掃恩師夏承燾之墓。那一天天氣陰寒，她在恩師墓前俯仰低徊，緬懷往事，翹首雲天，淚下沾襟！那一番真摯的感情，感人至深，動人肺腑。

琦君與夏承燾的一段師生之情，多麼令人感動。生命是一種情緣。這種情緣有著十分微妙的精神感應。沒有這種感應，沒有夏承燾的陽光雨露般的關愛與引導，也就沒有琦君的文學成就。珍惜生命的情緣，特別是利用生命交流的文化情緣，對一個人的成長，往往是有著不可估量的影響。

貳　李唐基與琦君

美麗的愛情，是一個人生命精神的長青藤。對於作家來說，這一棵長青藤的藤蔓越壯，文學創作的生命力自然越旺盛，結成的文學之果，也自然越豐碩。古今中外，許多名家的愛情頗有浪漫的色彩，愛情也成為作家的精神與情感的寄寓，激發著他們文學創作的活力。此類事例極多。琦君與李唐基傳奇般的愛情，卻是在一種濃郁的鄉愁情懷裡，生長著長青不衰的共同情趣、共同愛好、共同人生理念的藤蔓，結成了愛情的豐碩果實。並由愛情之果，結成了文學之果。由此，為世人所注目。從大時代的背景和個體文化修養來看，沒有戰亂引起海峽兩岸的隔絕，沒有共同的人生文學愛好和審美意趣，沒有中國文化所構築鄉愁的文化底蘊，也就沒有琦君與李唐基的詩化愛情。

一

在那眾所周知，風雲突變的一九四九年，多災多難的青年琦君，在一個風雨之夜，從大陸急匆匆地漂泊到舉目無親的臺灣海島。在一片茫然的精神海洋上，琦君像一葉孤舟，無所依靠。在孤獨無助的境況中，琦君想起了在大陸往逝的歲月，想起了離別人世的親人。她為了寄情，懷著對亡世的哥哥的無比思念，揮淚寫下了散文〈金盒子〉，發表在臺灣《中央日報》的副刊上。這一篇散文，以清麗的文字，講述她與哥哥生離死別的切膚之痛和無盡的哀思。也就是這篇寄情懷愁的文章發表後，居然引起了臺灣的廣大讀者，特別是從大陸漂泊到臺灣的讀者的共鳴，激發了他們對遠離臺灣的親人和離別人世的親人的深深地懷念。其中有一位來自四川酆都古城的青年學子李唐基，在他的心靈中，更是產生了強烈的共鳴感應。這位早期畢業於復旦大學經濟系的學子，一九四六年因工作需要來到臺灣，由於戰亂，使他回不了故鄉，孤居臺灣，不能與大陸的親人相聚團圓。讀了琦君的〈金盒子〉之後，使他更加想起了遠在大陸的兩位小弟弟，觸動他骨肉分離的無比痛苦。因背井離鄉，心情寂寥，客中思親，懷念家人的情感同鳴，使他以琦君的文章作為寄託自己對遠方兄弟的無限思念。李唐基將琦君的〈金盒子〉小心翼翼地剪下來，粘貼起來，反覆品味著琦君的文章和寄託自己思念的情感。也許是冥冥之中的神助，或者命運之神的紅娘早已一線相牽。一次偶爾的機緣，李唐基到一位在臺北工作的朋友那裡，經朋友介紹，認識了一位名叫潘希真的文學作家。經相見互相溝通了解，才知道眼前的這位潘小姐就是寫〈金盒子〉的作者琦君。

一九四九年離開大陸到了臺灣的遊子，漂泊他鄉，使他們一下子彷彿沒有了生命精神之根。鄉愁成了這一代人心靈中無奈的惆悵情懷。中國人的鄉愁，具有特殊的文化情感意味。中國歷史上無數的戰亂，造就了許多詩人表述豐富的鄉愁情感。這種鄉愁文化情感滋潤著豐富著一代一代的中國知識分子。也是由於這種鄉愁文化情感產生了強烈的

「共生效應」，給大陸到臺灣的那一代人的心靈，產生了強烈的潛在的鄉愁文化情感的感應。

懷著這種文化鄉愁情感，李唐基知道潘小姐就是琦君後，回到基隆再次重讀剪報的那篇〈金盒子〉文章，心情格外感動。由此而對琦君產生了無限傾慕之情。於是他就寫信給琦君，談談自己對〈金盒子〉文章的讀後感，在信中並引用唐人杜甫〈月夜憶舍弟〉的詩句：「戍鼓斷人行，秋邊一雁聲。露從今夜白，月是故鄉明。有弟皆分散，無家向死生。寄書長不達，況乃未休兵。」

杜甫千年前的鄉愁思情，居然使他們的情感產生了強烈的同鳴。古人的詩打動了今人的心，進一步融洽了他們的感情，拉近了他們情感的距離。月是故鄉明，是杜甫的鄉愁，也是李唐基和琦君共同的鄉愁。杜甫的詩既成為他們共同思念親人的情感，又表達了他們「無家問生死，寄書長不達」的鄉愁情緒。此後，兩人魚雁往來，以杜甫的詩作為姻緣的媒人，他們於一九五〇年組成了充滿著「和而不同」，「求同存異」的幸福家庭。

他們的愛情與其說是沒有功利企盼的愛情至上，不如說是為了尋找漂泊他鄉的共同感情和精神寄託的需要，是為了滋補心靈，癒合戰亂與親人分離帶來的精神創傷。無疑的，琦君是一位才女子，師承自一代詞宗夏承燾；而李唐基也是一位家學淵源深厚的文化人。童年時代，父親常常帶他走訪酆都名山秀水，從大自然裡感受中國文化的內在精神，並且教導他背誦唐詩宋詞。他自幼酷愛文學，青年時代曾立志做一位作家。他們兩人的結合是一種儒雅文化的交融，是一種典型的中國文化鄉愁，結成了豐碩的愛情成果。

二

琦君和李唐基兩人雖因文學與藝術愛好而結合，但生活習慣與個性卻不同，難免常常因生活中的小事而爭得面紅耳赤。好在是君子動口不動手。李唐基說自己最怕與琦君出去應酬吃飯，席間凡遇可口的菜，她就請教主人，悉心研究，回家就馬上摹仿燒給他吃，直到他認為滿意為至。往往等她試驗成功的時候，李唐基的胃口也倒了。有時陪她逛百貨公司，她一進公司就眼花撩亂，尤其見到精緻的小玩意，就愛不釋手。花了很多時間，最後，捧回家的不是需要的東西，需要的只好等待下一次去光顧了。他們兩人的性情不同，正如李唐基所說：「她性子急，永遠有忙不完的事，好像過了今天就沒有明天，天天在家裡刮颱風。我性子慢，遇事寧可慢半拍，三思而後行。急驚風，碰上慢郎

中，身在颱風眼裡，自然雲淡風輕。」（李唐基〈我家有個反對黨〉）

李唐基喜愛琦君的文學作品，他不但是心甘情願地作琦君的第一位讀者和編輯，他還是琦君作品的第一個推銷員。在琦君未成名時，他利用上、下班之餘，騎著自行車，把書裝在車兜上，挨家挨戶上街推銷琦君的第一本文集《琴心》。據琦君說：「我寫的稿子，未寄發前，他一定拿起筆，在上面勾勾槓槓，提醒我某處用字未妥，某句詞不達意，某段文氣未貫，批評得體無全膚。文章是自己的好，我起先總是不服氣，再仔細一推敲，真覺得『夫人不言，言必有中』，只有照他的指正修改後才寄。刊出來以後，得意的不是我倒是他。我說：『你這樣會改人家文章，為何自己不寫呢？』他說：『我是核稿的，不是擬稿的。』」

琦君自幼受到母親的薰陶，關愛生靈，極喜愛養貓。一次搬家遷公寓時，琦君把家貓帶到新居所。家貓到處撒尿。李唐基是很講究公共衛生、酷愛清潔的人。兩人就由此而發生爭吵。正如琦君所說：「我想總不能為小動物傷了夫妻的和氣，只得忍痛對自己說：送回去吧，除非有一天住得起花園洋房再養一打貓也由我。」琦君在她的〈我的另一半〉裡寫道：「仔細想想，儘管他在家既懶又笨拙，在辦公室卻是個標準公務員，他說：『兩點之間，只有直線才是最短的線。一切根據法令，就是最簡單的直線。』就為他能把握這大原則，所以一切的缺點也都成了優點。在我心中，他確實是位『品學兼優』的好丈夫。」

李唐基從小就喜愛文學，他和琦君結成良緣之後，發現琦君對文學創作有著極高的天分，於是，他就自覺地讓自己扮演琦君文學創作上的配角。有李唐基參與的一分感情，愛情與生活給琦君帶來了文學創作的靈感。琦君文學作品的出版，也為他們的家庭和生活帶來無窮樂趣與鼓舞。

猶如弓與六弦琴，對立而激盪出美妙和諧的樂章。琦君和李唐基作為夫婦，不但能夠各自保持自己個性的本色，而且在生活中又是步調一致，泳舞同律，更顯其情感之真摯深厚，至為難得可貴。這正如李唐基所說：「詩、散文、生活」構成了他們整個家庭的基調，使這對風雨夫妻，相敬相愛。

他們的愛情生活，永遠是清風明月，光明磊落，互敬互愛，關鍵之處是感悟於愛情的真誠。他們晚年客居美國，希望自己過著平靜的生活。李唐基先生曾經對我多次說過自己晚年的生活，最大的願望就是過著平靜安寧的生活。由此，我想起了琦君在〈西風消息〉的散文裡有語：「人生自青春而中年而老年，有如遊倦了姹紫嫣紅的院落，漫步進入名山古剎，聽鳥語松風，看水流花放，應當又是一番景象。」這就是他們夫妻晚年生活的一種寫照罷。

三

二〇〇一年秋天，琦君和李唐基來到琦君闊別五十七載的故鄉溫州瞿溪探親。我有幸全程陪同。在十多天的日子裡，兩位老人身影相隨，相互關愛備至，令人感動。那天到琦君故居瞿溪探親，李唐基因腸胃不適，臥床調養，不能同行。琦君雖仍得依照預先安排的行程去瞿溪看望故鄉親人，但不捨之情，形於顏色。李唐基躺在床上笑著目送琦君離開，並柔聲的安慰她說自己無妨，請她安心去訪。一路上，琦君不斷地請工作人員打電話給守護公公的兒媳婦，詢問情況。

在這段與琦君夫婦朝夕相處的日子裡，發現琦君喜歡中式口味，李唐基則喜歡西式口味。琦君笑著說：「我們是『一鍋兩制』。」她看著李唐基在攪拌一杯咖啡，也想喝，一定要他分一點給她。她說：「我就喜歡同他搶東西，他有的我也想要，沒辦法呀，他總會讓我的。」

琦君平時身體虛弱，患有胃疾。李唐基先生在談到琦君對文學創作的追求和身體兩者充滿矛盾時說：「想起過去在家中時，每每看見琦君忙完一天的課業和家務，於燈下埋頭寫作，那一分虔誠與專注，內心至為感動。為了她的胃病，我時常勸她少寫。她總是說：『我只有在寫作時，才真正忘憂。』聽了這話，我有點歉疚，因而也不便多勸阻她。」其理解和關愛溢於言表，聞之令人動容。

李唐基是一位充滿著智慧與幽默的人，他說自己這些年東南西北跟隨琦君會見各處文友，模仿先賢胡適之先生，悟出了一套新男性主義的「三從四德」。所謂「三從」是「太太的構思要順從，太太寫的文章要盲從，太太的活動要跟從。」所謂的「四德」是「太太的吩咐要記得，太太生氣要忍得，太太花錢要捨得，太太寫稿必須等得。」琦君也是一位充滿著幽默感的作家，她在〈我的另一半〉文章裡，是這樣說的：「俗語說：『年少夫妻老來伴。』又說：『不是冤家不碰頭。』中年以後，和『冤家』廝守在一起，彼此欣賞著對方的優點和缺點，這分樂趣，也許更有勝於『含飴弄孫』呢！」「我的那一半，自然是優點多於缺點。即使是缺點，在他自己看來，都是優點——男子漢的通性，大丈夫的氣度，所以做妻子的也沒有不欣賞的自由。」

他們初到臺灣時，生活十分艱苦。但在愛情的生活裡，總是充滿著詩意的浪漫色彩和樂觀精神。琦君有詞描述他們夫妻結婚不久過著艱辛的生活，但生活中卻是充滿著樂趣，過著神仙伴侶的生活，讀來令人實在感動：

鵲橋仙

三十九年七夕結婚，四十年遷住機關宿舍。蝸居潮濕，壁間龍頭，滴水涓涓。戲名其室曰水晶宮，因賦此闋寄意。

金風玉露，一年容易，心事共君細訴。米鹽瑣事費思量，已諳得人情幾許。
半歲三遷，蝸廬四疊，此際酸辛無數。水晶宮裡醉千杯，也勝似神仙儔侶。

李唐基在一九七〇年代初到美國時，十分思念遠在臺灣的琦君，他從美國給她寄去一片紅葉，並在短簡中寫道：「落日西風，踽踽歸途中，見鄰舍籬邊楓葉，嫣紅似江南二月花，檢取一葉寄贈，亦無限故國之思也。」（〈西風消息〉）

紅葉傳書，含情脈脈，琦君讀後低徊惆悵，可見他們夫妻情意之深，充滿著無限的生活詩意！琦君在〈與我同車〉散文裡寫道：「數十年來，與他甘苦與同，安危相依。他既然『惠而好我，與我同車』。我焉得不『駕言出遊，以寫我憂』呢？」

四

我們從琦君的文學創作流程來看，琦君從上個世紀的五〇年代與七〇年代的散文與小說的創作，所取的題材，基本上是因戰爭的動亂，造成了遠離大陸而奔走到臺灣的一批人，對故鄉的嚮往思念與親人離別的痛苦的不幸命運。特殊的時期和特殊的命運，構成了這對夫妻多難的生活。特別是這一時期的愛情小說中所表現的文學題材，不難從中讀出她們生活中的影子，這正表現了琦君和李唐基兩人生活的愛情感受，以及他們對家庭、愛情與社會的倫理觀念。比如，琦君在這一時期所寫的小說〈錢塘江畔〉、〈完整的愛〉、〈梅花的踪跡〉、〈琴心〉、〈姊夫〉、〈永恆的愛〉、〈失落的夢〉等，從這些作品中，我們就會發現琦君與李唐基對愛情與家庭的社會倫理觀念，以及當時臺灣的人對愛情的一些生活觀念。從而表現了一位有良知的作家所具有的高度社會責任感。琦君在這一時期所寫的散文有〈金盒子〉、〈下雨天，真好〉、〈油鼻子與父親的旱煙筒〉、〈髻〉、〈鄉思〉、〈家庭教師〉、〈西湖憶舊〉、〈憶蘇州〉等，從這些文章裡，可以讀到琦君戀鄉思親的鄉愁情感是多麼的深沉！這些作品所構成的文化精神核心，不僅僅與琦君的特定人生命運與生活的遭遇有著內在的聯繫，而且跟李唐基的人生歷程與文化情感，也是有著極大的暗合性。

七〇年代後期，琦君追隨丈夫李唐基旅居美國新澤西州，此時，琦君的散文寫作，注重於對故鄉的溫州、西湖與臺灣的思念。鄉愁的情感日益濃厚。琦君將她的無限鄉愁情感，通過對故鄉的風情、物產的描述，表達自己在異國他鄉，思念故國的情懷，隱含著人世沉浮的鄉愁情思。這一段時期的鄉愁，也是琦君與李唐基一起漂泊在海外，對家人牽掛，對故鄉的祖國無限思念的心境。這個時期琦君所寫的散文〈粽子裡的鄉愁〉、〈春酒〉、〈燈景舊情懷〉、〈水是故鄉甜〉、〈三十年點滴憶師恩〉等，正是表現了他們夫妻對故國與親人的無限懷念。也是一種鄉愁情感的表現。其間，琦君還寫她與李唐基先生的情愛散文〈我的另一半〉、〈「三如堂」主人〉、〈與我同車〉、〈西風消息〉等，從這些文章裡，可以讀出這一對恩愛夫妻的情深意長。

一九九〇年代，琦君寫了小說〈橘子紅了〉，拍成了電視連續劇，轟動一時。在寫作〈橘子紅了〉的過程中，琦君與李唐基經常討論寫作的題材與形式的問題。這一部小說寫出了琦君無私無畏的想法，寫出了隱藏在內心世界的痛苦，以及有關父親與母親的身世。

琦君文學創作的歷程，也正是他們夫妻的生活歷程。從琦君的文學創作發展的流程中，也可以發現他們夫妻對愛情的嚮往和現實生活的配合是十分默契的，以及對家庭與社會是有著高度的道德良知和責任感。

了解李唐基的為人美德、人性理念，以及其文學功底諸方面，再讀琦君的文學作品，便可以從另一方面感受到，琦君的文學理念，也就是李唐基的人生理念。他們之間的相互砥礪、扶持，優勢互補，對琦君的文學創作，發揮十分重要的作用。

有了李唐基這位默默奉獻的「賢內助」，琦君的文學藝術的層次也就得到了很大的提昇。李唐基不僅僅是琦君的第一位讀者，第一位核稿的編輯，還是一位認真聽取評論家的意見，即時向琦君反饋信息的信息員。琦君在重大的題材創作上，總是經過夫妻充分醞釀之後，她才開始動筆的。有很多時候，夫妻倆在燈光月下，反覆推敲，就只是為了一個詞語而已。所以琦君文學成就的「十五月亮」，有她自己的一半，也有李唐基的「另一半」。

作為一個作家，她的作品一版再版，是她個人的幸運，作為讀者從她的作品裡能夠得到美的感悟和啟迪，也是一種精神的快樂。

參考書目

琦君著作

《一襲青衫萬縷情》，臺北市：爾雅出版社，一九九四年。
《三更有夢書當枕》，臺北市：爾雅出版社，一九九二年。
《千里懷人月在峰》，臺北市：爾雅出版社，二〇〇〇年。
《文與情》，臺北市：三民書局，一九九〇年。
《母心・佛心》，臺北市：九歌出版社，一九九〇年。
《母心似天空》，臺北市：爾雅出版社，一九八六年。
《母親的金手錶》，臺北市：九歌出版社，二〇〇二年。
《永是有情人》，臺北市：九歌出版社，一九九八年。

《我愛動物》，臺北市：洪範出版社，一九九〇年。
《玻璃筆》，臺北市：九歌出版社，一九八八年。
《紅紗燈》，臺北市：三民書局，二〇〇二年。
《桂花雨》，臺北市：爾雅出版社，一九九六年。
《留予他年說夢痕》，臺北市：洪範出版社，一九八六年。
《細雨燈花落》，臺北市：爾雅出版社，一九八六年。
《琴心》，臺北市：爾雅出版社，一九九八年。
《琦君小品》，臺北市：三民書局，二〇〇四年。
《琦君寄小讀者》，臺北市：健行出版社，一九九六年。
《琦君散文》，杭州：浙江文藝出版社，一九九五年。
《琦君說童年》，臺北市：三民書局，一九九六年。
《琦君讀書》，臺北市：九歌出版社，一九九三年。
《菁姐》，臺北市：爾雅出版社，一九九三年。
《詞人之舟》，臺北市：爾雅出版社，一九九七年。
《媽媽銀行》，臺北市：九歌出版社，一九九二年。

《煙愁》，臺北市：爾雅出版社，一九九九年。
《夢中的餅乾屋》，臺北市：九歌出版社，二〇〇二年。
《與我同車》，臺北市：九歌出版社，一九九九年。
《橘子紅了》，北京：人民文學出版社，二〇〇一年（臺灣由洪範書局出版）。
《燈景舊情懷》，臺北市：洪範出版社，一九八七年。
《錢塘江畔》，臺北市：爾雅出版社，一九九八年。
《讀書與生活》，臺北市：東大圖書公司，一九八六年。

其他書目

戈悟覺編，《甌越文化叢書》，北京：作家出版社，一九九八。
史雙元，《宋詞與佛道思想》，北京：今日中國出版社，一九九二年。
朱烈，《溫州地理論叢》，溫州：著者，二〇〇一年。
余英時，《紅樓夢的兩個世界》，臺北市：聯經出版社，一九八一年。
浙江省溫州市文史資料委員會，《溫州文史資料》，溫州：浙江人民出版社，一九八八年。
夏志清，《文學的前途》，北京：生活．讀書．新知三聯書店，二〇〇二年。

夏承燾，《夏承燾集》，浙江：浙江古籍出版社，浙江教育出版社，一九九七年。
張鳳，《哈佛采微》，西安：陝西人民出版社，一九九八年。
章方松，《池上樓筆記》，呼和浩特：遠方出版社，二〇〇一年。
楊瑞津編，《劉景晨、劉節紀念集》，香港：香港出版社，二〇〇二年。
葉大兵，《溫州民俗大全》，烏魯木齊：新疆人民出版社，一九九八年。
葉嘉瑩，《迦陵著作集》，河北：河北教育出版社，二〇〇一年。
潘長江，《我的伯父潘鑒宗》，溫州：著者，二〇〇一年。
隱地編，《琦君的世界》，臺北市：爾雅出版社，一九八五年。
澤雅廟後潘氏家族編，《浙江省溫州市甌海區澤雅廟後潘氏家族宗譜》。
溫州市甌海區政協文史委員會編，《甌海文史資料》。

後記

一九九七年，我在溫州永強永中鎮工作期間，率永中鎮寺西村同志到甌海區澤雅山區接對扶貧工作時，由澤雅村民帶領我們遊覽七潤瀑風景。我癡迷於這裡秀美的風光，不知怎地，走離了人群，獨自朦朧中朝著一渠溪流的小徑走去。迷濛中，我抬頭，一片翠鬱悠悠的竹林，呈現在眼前，林旁秋聲潺潺的溪流，緩緩地流向夕陽下的東方。

朝著溪流的方向走去，一座古雅悠然的石橋橫跨溪流上，橋兩頭各長著禪意清靈的兩棵古木。過橋後，小徑蜿蜒通往一座古廟。廟前一棵長著幾種雜木的怪樹，我好不納悶。此時，一位長者迎面而來，我急詢問之。老人告知，這樹名為七寄樹，以東方紅豆杉為主體，分別寄生著楊、松、柳、桂、榆、漆等樹。奇也，怪也！我從來沒見過此類奇樹。我又詢問長者，七寄樹為何自然地長在廟前？老人說，此非寺廟，而是潘氏宗祠。潘家曾出過大人物潘鑒宗師長。噢，潘鑒宗先生為海外著名大作家琦君的父親。我曾多次捧讀過琦君散文，為其清麗淡雅的文風，蘊意著豐富的甌越文化內涵的文學藝術所驚嘆。而且琦君是我女兒雅麗所崇拜的女作家。我們父女倆常常談論著琦君的文風、博學與文學意蘊的人性內涵。說句實在話，現代散文大家中，為我所喜愛的作家並不多，而琦君的散文更令我讀之不厭。

我獨自站在七寄樹下，看著悠悠靜流的溪水，想著琦君的散文所表述的人生種種文化情懷的精神意象。暗暗地思忖：此地茂林修竹，山水清音，如何讀不到琦君筆下的此地山水風光？

靜望溪水流無痕！

一片碧水流心間。我心裡一直留戀著那一片自然清麗，動人心旌的澤雅北林垟廟後山水情愫。

一九九八年秋天，由於工作需要，我調往甌海區文聯工作。因工作原因，我一直關注留意著琦君故居的瞿溪及廟後有關琦君和父親潘鑒宗的事情。從多方消息得知琦君先生旅居美國，生活、身體狀況一直很好。我實在盼望能與這位同鄉的大作家見面，一敘她的文章所帶給我的感動。

二〇〇一年秋天，琦君先生偕丈夫李唐基先生及兒媳陳麗娜小姐，從美國轉道臺灣、香港回到了闊別五十七個春秋的故鄉溫州瞿溪。我有幸以文聯工作的名義，參與了接待和陪同他們到各處觀光采風。我深為琦君先生與李唐基先生的儒雅清風，文質彬彬的風度氣質所感動。

大概是同鄉的緣由，與琦君先生相處覺得格外有親切感。我與琦君先生、李唐基先生隨緣相聚，時日雖短，但到了因緣分別的時候，李唐基先生深有感慨地說：相見是緣！李先生所說的「緣」，是一種相思的情感，彷彿從七寄樹下的崎雲山裡流出來的溪水，長流不息，天長地久！

也就是這種「緣」，在默默無語之中，我承諾要寫一本專門研究琦君的書，這樣，促使我要多讀多寫感悟琦君文學作品所蘊意的豐富人文精神內涵。

我生活在琦君的故鄉，我熟悉這裡的文化，我熱愛這裡的山水，我也受其薰陶、感悟！為此，我讀遍了我能讀到的琦君先生的文學作品，深深地為琦君文學作品的高度藝術智慧與蘊含豐富的人文情感所感動不已。為了讓更多的人來共享琦君的美好心靈世界，感悟琦君對文學創作所表現的人性人道人情人倫的理念，以此來豐富和美化自己詩意的心靈，使我們生活的社會更加美好起來。這就是我寫這本書的目的。

誠然，琦君的文學成就是一個博大的體系，限於我的學識，只能從中做點膚淺的初探，以此作為我對琦君先生和李唐基先生的敬仰，表達一種真誠的心願！

這本書稿寫作自二〇〇一年春天開始，我陸續寫了三年，在寫作過程中，得到了琦君先生與李唐基先生的鼓勵和支持，我每寫好一篇文章，就寄往美國新澤西州，聆聽兩位前輩的指點和教誨。沒有這兩位尊敬的前輩的關懷和鼓勵，是不可能完成這部書稿的。在成書之後，還勞李唐基先生費神，為之寫序，更使我激動不已，感慨良多。在本書的寫作過程中，還應感謝溫州嘯秋中學校長馮長生先生的支持與鼓勵，琦君文學館負責人、琦君先生的表弟周惠津先生，提供了大量的有關琦君研究的資料。還應感謝攝影師葉劍平先生提供了琦君回故鄉溫州的珍貴照片，金陵先生根據周惠津先生提供的平面圖，冒著酷暑描繪出潘宅莊園示意圖。在本書出版過程中，得到了臺灣三民書局董事長劉振強先生的鼎力相助，在此一併致以深切的敬意！

甲申端午於溫州松風樓